Alix Hänsel

Das Bernstorf-Orakel

Die Geschichte einer langen Reise in der Bronzezeit

Mit Illustrationen von Susanne Birker

1

Sie wollte ihn einfach nicht mehr sehen, diesen Schnee, der nun schon seit ewigen Zeiten die Gegend bedeckte. Obwohl Amintha sich mit ihren 14 Jahren höchstens an zehn Winter erinnern konnte, war ihr keiner so lang wie dieser vorgekommen. Schon seit einiger Zeit waren die Tage wieder länger als die Nächte. Sonst war Amintha um diese Jahreszeit am frühen Morgen immer durch das Frühjahrszwitschern der Vögel geweckt worden, aber in diesem Jahr blieben die Vögel stumm und der Schnee wollte und wollte nicht tauen. Die Sonne, die ihn hätte schmelzen sollen, war seit Wochen nicht mehr am Himmel zu sehen gewesen. Und jetzt ging es schon wieder los mit diesen widerlichen Schneeschauern! Fröstelnd zog Amintha ihren Mantel enger um sich und versuchte, ganz dem Vorbild ihres Vaters folgend, in würdiger und aufrechter Haltung dem Geschehen zu folgen.

Vor ihr klaffte im gefrorenen Boden ein rechteckiges Loch. Schmutzige Erde vermischte sich an seinen Rändern mit Schnee. Die Männer hatten sie schon in die Grube gelegt, die beiden alten Frauen, die in der Nacht an Hunger und Entkräftung gestorben waren, und auch das Neugeborene, das viel zu schwach zum Leben gewesen war. Seine Mutter Feha, die beste Freundin von Amintha, war nicht bei der Beerdigung ihres Sohnes, sie lag apathisch in ihrer Hütte, noch nicht fähig, den Verlust ihres Kindes zu verkraften. Gleich nach der Zeremonie wollte sie nach ihr sehen, das nahm sich Amintha fest vor.

Während die Magier ihre Totengesänge anstimmten und die Klagerufe der Umstehenden an Intensität zunahmen, verfiel Amintha ins Grübeln. Drei Menschen in einem Grab! Das war schon etwas Besonderes, obwohl in letzter Zeit fast jeden Tag Mitglieder des Stammes hier am Fuß des Burghügels beigesetzt worden waren. Überall sah man die braunen Erdhügel im Schnee. Sie hasste diese Begräbnisse, an denen sie als Häuptlingstochter teilnehmen musste. Wenn es wirklich stimmte, dass die Toten im Jenseits ein besseres Leben erwartete, wenn es stimmte, dass dort immer die Sonne schien, immer genug Essen für alle vorhanden war und niemand krank wurde, warum waren dann alle so traurig, wenn ein Angehöriger starb? Warum waren sie nicht erleichtert, dass es den Toten nun besser gehen würde als ihnen, die sich vor Hunger und Entkräftung kaum noch auf den Beinen halten konnten?

Vielleicht war es einfach die Trauer, nun nicht mehr mit dem geliebten Menschen zusammen sein zu können, die die Überlebenden so verzweifelt machte. Als ihre Mutter im vergangenen Winter gestorben war, hatte sie ja selber gespürt, wie schlimm das war. Dabei war die Mutter ja eigentlich in den letzten Jahren für sie gar nicht mehr so wichtig gewesen, denn je älter sie wurde, um so öfter war sie mit ihren Freundinnen zusammen und versuchte, sich den häuslichen Pflichten möglichst zu entziehen. Das hatte öfter zu Auseinandersetzungen geführt, aber als ihre Mutter dann plötzlich krank wurde und in den langen Winternächten ihr ständiger Husten Amintha den Schlaf raubte, hatte sie zunehmend Angst bekommen, dass die Mutter vielleicht nie mehr gesund werden würde. In den Wochen, als sie die Kranke gepflegt hatte, war sie ihr wieder sehr nahe gekommen und hatte lange Gespräche mit ihr geführt. Amintha hatte einfach nicht verstehen können, wie gelassen die Mutter ihr Schicksal hinnahm und wie wenig sie gegen ihre Krankheit ankämpfte. Schon Tage vor ihrem Tod war sie davon überzeugt gewesen, sterben zu müssen:
„Die Götter wollen uns prüfen, Amintha, sie erwarten Opfer. Warum hätte es sonst so schlechte Jahre gegeben, so kurze, verregnete Sommer und so harte, lange Winter? Warum hätte der Sonnengott sonst seine strahlende Kraft hinter dicken Wolkenschleiern verborgen, wenn er nicht über uns erzürnt wäre? Ach Amintha, wenn mein Tod mit dazu führt, dass es unserem Volk künftig wieder besser geht, so gebe ich gerne mein Leben!“
Aber nichts war besser geworden nach Mutters Tod, alles wurde nur noch schlimmer. Ganz besonders für Amintha. Der Vater erwartete, dass sie als seine Tochter die Rolle der Mutter übernahm, dass sie ihm bei allen offiziellen Anlässen zur Seite stand und die repräsentativen Pflichten einer Stammesführerin erfüllte. Jetzt erst merkte Amintha, welche Freiheiten sie vorher besessen hatte. Denn nun konnte sie nicht mehr wann sie wollte das Haus oder gar die Festung verlassen, mit ihren Freundinnen in den Wäldern herumstreifen, abends bei deren Familien essen oder dort sogar übernachten. Sie war plötzlich eine Würdenträgerin. Sogar Wali, die alte Dienerin, die Amintha, als sie noch ein ungezogenes Kind war, oft genug ausgeschimpft hatte, behandelte sie nun mit Ehrfurcht.

Als sie später neben dem Vater an der Spitze des Leichenzuges durch den Bergwald nach Panwati zurückging und durch die kalten Nebelschleier die hohe Burgmauer und die mächtige Toranlage vor ihr sichtbar wurden, überkam sie plötzlich eine unbändige Lust, einfach nicht mehr hinter diese massiven Mauern zurückzukehren, einfach fortzulaufen, hinein in den Wald, der doch irgendwann wieder grüne Blätter haben würde. Fortlaufen, immer weiter fort, irgendwohin wo die Sonne schien, wo es warm war und wo es all die Köstlichkeiten an Früchten gab, die ihr so viel begehrenswerter erschienen als die dünnen Fleischsuppen und trockenen Brotfladen, die jetzt im Spätwinter als einziges Nahrungsmittel noch zur Verfügung standen. Und als die großen Torflügel hinter der Gruppe der Trauernden zufielen, empfand sie dieses Geräusch, als würde sie eingeschlossen, eingeschlossen in eine ewige düstere Winterwelt, aus der es kein Entkommen gab.

2

„Und ich sage euch, die Götter wollen uns nicht prüfen, sie haben uns vergessen! Wir werden alle sterben, wenn wir nicht endlich etwas gegen unsere Not unternehmen! Unsere Feinde, die schon lange nach unserem Land gieren und uns unsere Macht missgönnen, werden über uns herfallen und Panwati dem Erdboden gleich machen!“ Mit wildem Blick sah Joris in die Runde. Durch den Schein des Feuers, das in der Mitte der Versammlungshalle brannte, wirkte seine mächtige Gestalt noch eindrucksvoller, zumal er als einziger stand, während die anderen Mitglieder des Rates auf den Bänken längs der Wand Platz genommen hatten. Nicht umsonst galt Joris als der wagemutigste Krieger des ganzen Volkes und war das Vorbild aller kampfbereiten Männer und Jünglinge, deren Ansichten er im Rat zumeist auch vertrat.
„Götter vergessen niemals und vergeben auch niemals“, ertönte die krächzende Stimme des alten Estor, der nun, auf seinen Stock gestützt, ans Feuer humpelte. „Ich weiß nicht, wer und was sie erzürnt hat – es muss nicht einmal unser Volk gewesen zu sein. Die Sonne hat sich in

den letzten Jahren auch in anderen Gegenden kaum sehen lassen. Überall klagen die Menschen über Hunger und Krankheiten. Und überall herrscht Mangel, sodass die Fremden, die früher hierherkamen, um ihre Waren einzutauschen, unser Land nun meiden."
Wütend blickte er auf Joris, der sich inzwischen wieder auf einer Bank niedergelassen hatte und vergeblich versuchte, ein breites Gähnen hinter seiner Hand zu verbergen. „Lasst es euch von einem alten Mann sagen, einem Mann, der schon im Rat saß, als manche von euch noch nicht einmal geboren waren! Welche Gottheit ist es denn, die uns zürnt? Lest doch die Zeichen! Im Sommer vernichten Sturm und Regen unsere Ernten und im Winter wollen Frost und Kälte kein Ende nehmen. Es ist der Gott des Lichts, der Gott der Sonne, der uns verlassen hat! Seine Gnade müssen wir wiedererlangen, wir müssen einen Weg finden, ihn, den Sieger über Finsternis und Kälte, zu versöhnen. Astis, du bist unser Anführer, nenne du uns einen Weg, wie wir uns den Sonnengott wieder gewogen machen können!"

Aminthas Vater, der auf einem Schemel an der Längsseite des Raumes saß und düster vor sich hingestarrt hatte, hob den Kopf.
„Wenn ich einen Weg wüsste, Estor, so hätte ich ihn längst vorgeschlagen. In allen Erzählungen unserer Vorväter heißt es, dass der Sonnengott in einem warmen Land am Rande des Erdkreises, weit im Süden lebt. Bei seiner täglichen Reise über den Himmel hält er sich in diesen warmen Ländern am längsten auf und beglückt die Menschen mit seinem göttlichen Licht. Dort soll es heilige Orte geben, in denen er verehrt wird, Magier, die zu ihm sprechen können und die die weißen Pferde züchten, die seinen strahlenden Wagen über den Himmel ziehen. Vielleicht kann man uns dort helfen, den Willen des Gottes zu erfahren. Dann können wir ihm die Opfer bringen, die ihm genehm sind und ihn dazu bringen, auch der nördlichen Welt wieder seine lebensspendende Kraft zu schenken."
„Aber wie sollen wir dorthin gelangen und vor allem, wer soll diese gefährliche Reise unternehmen?", fragte Joris. „Ich wäre ja bereit dazu, zusammen mit einer Schar Bewaffneter dieses Wagnis auf mich zu nehmen, aber..."
„Ich danke dir für deine Bereitschaft", unterbrach Astis den Redner, eine Unhöflichkeit, die er sich nur deshalb leisten konnte, weil er der Ranghöchste war. „Aber wer diese Mission ausführen soll, darf nicht unsere Entscheidung sein. Das ist die Aufgabe der Herrin des Berges, unserer Schutzgöttin, der Mutter unseres Volkes, der unser Schicksal so wichtig ist wie keinem anderen Gott. Sie soll entscheiden, wer der Auserwählte ist, ihrem Urteil werden wir uns unterwerfen. Wir werden dafür den Weg wählen, der seit jeher üblich ist. Unsere Magier werden, wie es das Orakel vorschreibt, die goldene Schale der Göttin mit so vielen Losscheiben füllen, wie gesunde Erwachsene in unserer Siedlung leben. Morgen bei Tagesanbruch wird jeder eine Scheibe aus der Schale nehmen. Derjenige, der die schwarze Scheibe in Händen hält, wird sich als Götterbote auf die Reise zum Sonnengott begeben!"

Wie ein Lauffeuer verbreitete sich die Nachricht in der Siedlung, dass nun endlich etwas unternommen werden sollte, um die Not zu lindern. Es war viele Jahre her, dass eine Orakelbefragung stattgefunden hatte. Zu Aminthas Lebzeiten war so etwas nie geschehen. Sicher, alle wuss-

ten, dass die Göttin von Panwati seit undenklichen Zeiten in der heiligen Grotte ihren Wohnsitz unter den Menschen hatte. Dort stand ihr lebensgroßes Standbild, zu dem das Volk nur an hohen Festtagen Zutritt hatte. Amintha hatte das Standbild immer nur dann ganz kurz gesehen, wenn sie eingereiht in den Festzug an der Grotte vorübergeschritten war. Wenn die aufgehende Sonne mit ihren Strahlen die Grotte erleuchtet hatte, war der goldene Schmuck, den die Göttin trug, geheimnisvoll aufgeblitzt. Amintha hatte dann jedes Mal das Gefühl gehabt, die Gestalt würde sich bewegen. Dort bei der heiligen Grotte sollte also am nächsten Morgen die Entscheidung fallen, wen die Göttin als ihren Boten auserwählte.
Bei Eintritt der Dunkelheit füllten die Magier und die Diener des heiligen Bezirks das große goldene Gefäß mit den kleinen gelochten Holzscheiben und legten es zu Füßen der Göttin nieder. Die ganze Nacht würden sie nun mit Bittgesängen die Gunst der Herrin des Berges erflehen. Der dünne Rauchfaden, der vom Opferfeuer vor der Grotte aufstieg, war in der Dunkelheit nicht mehr zu sehen, aber das dumpfe Trommeln, das vom heiligen Bezirk herüberschallte, erfüllte alle mit einer gespannten Erwartung.
Wer würde der Auserwählte sein? Amintha beschloss, Feha zu besuchen, die sich seit dem Tod ihres Kindes nur langsam erholte und immer noch ihr Lager nicht verlassen konnte. Aber wenigstens war sie nicht mehr so bedrückt und begann sich wieder für das, was um sie herum vorging, zu interessieren. Kleine Kinder starben eben häufig, und die beiden Mädchen hatten so etwas in ihrem Verwandtenkreis schon oft erlebt. Amintha war ziemlich sicher, dass Feha binnen Jahresfrist ein neues Baby haben würde und dass dem noch mehrere Kinder folgen würden. Einige davon würden auch wieder sterben, entweder gleich nach der Geburt oder später – so war es schon immer gewesen. Es blieb den Müttern eben nichts weiter übrig, als sich damit abzufinden.

„Joris, ich bin sicher, sie wählt Joris“, meinte Feha. „Schließlich ist er der Stärkste und Mutigste und wird die Mission am ehesten zu einem Erfolg bringen. Und die Göttin hat bis jetzt immer das entschieden, was für ihr Volk am besten war.“
„Warum es immer nur Männer sind, die für große Dinge ausgewählt werden?“, ärgerte sich Amintha. „Sicher, so eine Reise ist gefährlich, aber über-

lege doch mal, was Joris dabei alles zu sehen bekommt und erleben wird!"
„Na, besten Dank, ich kann gerne auf so ein Abenteuer verzichten!", rief Feha. „Was da unterwegs alles passieren kann! Die Menschen in fernen Ländern sprechen noch nicht einmal dieselbe Sprache wie wir! Wenn man dann in Not gerät und Hilfe braucht, kann man sich doch gar nicht verständlich machen. Und wer weiß, ob sie wie wir die Fremden achten und schützen? Vielleicht bringen sie sie um oder fressen sie gar auf? Davon habe ich schon gehört!"
„Ja, Menschenfresser soll es ja wirklich geben. Aber sie sollen nicht in den Südländern wohnen, wo der Sonnengott residiert. Sie sollen im Norden hausen, wohin die Sonne nie ihr Licht scheinen lässt. Denen wird der Auserwählte also ganz sicher nicht begegnen."
Nachdenklich kraulte Amintha die Ohren des jungen Hundes, der sich ins Haus geschlichen und neben dem Herd zusammengekuschelt hatte. „Meinst du, die Menschen im Reich des Sonnengottes sind schön? Wie die Männer da wohl aussehen?"
„Sicher herrlich!" Feha geriet ins Schwärmen und das, obwohl ihr eigener Mann einer der stattlichsten jungen Krieger des Volkes war. „Sie sind sicher hoch gewachsen, von der Sonne gebräunt und tragen, weil es doch dort immer warm ist, kaum Kleidung. Ihre Haare sind so golden wie der Sonnenschein und fallen in langen Locken bis zu ihren Hüften. Und sie können wunderbar tanzen und reiten auf den weißen Pferden des Sonnengottes durch das riesige blaue Meer am Rande der Welt."
Amintha musste laut auflachen. „Ach Feha, du bist einfach eine Träumerin! Aber schön wäre es schon, sie zu sehen, wenn es solche Männer wirklich gäbe. Na ja, Joris wird wohl wenig mit ihnen anfangen können."
„Wer weiß", meinte Feha schnippisch, und die beiden Freundinnen kicherten, so wie sie es früher so oft getan hatten, als die Welt noch in Ordnung war und sie beide auf ihren Streifzügen innerhalb und außerhalb der Festung ihren wirklichen und geträumten Abenteuern nachgegangen waren.

Lange vor Sonnenaufgang formierte sich der schweigende Zug der Erwachsenen, die noch kräftig und gesund genug waren, die lange und gefährliche Reise bestehen zu können. Es fehlten die Alten und die Mütter, die sich um kleinere Kinder kümmern mussten. Es fehlten auch die Unfreien, die zwar als Mitglieder der einzelnen Familien galten, aber der Volksgemeinschaft nicht angehörten. Zumeist waren es ehemalige Kriegsgefangene oder deren Nachkommen, die längst Sprache und Sitten des Volkes von Panwati angenommen hatten, aber ganz vom Willen ihrer jeweiligen Herren abhingen. Es wäre undenkbar gewesen, eine so wichtige Aufgabe einem Unfreien zu übertragen!

Amintha war neben ihrem Vater das einzige Familienmitglied, das an dem Losverfahren teilnehmen durfte, denn ihre Geschwister waren noch zu klein. Peiro, ihr jüngerer Bruder, hatte mit allen Mitteln versucht, doch noch an der Entscheidung teilnehmen zu dürfen, bis der Vater ihn schließlich streng zurechtgewiesen hatte. Amintha hatte das mit Genugtuung aufgenommen. Peiro wusste ganz genau, dass er einmal in der Nachfolge von Astis Herrscher des Panwati-Volkes werden würde und ließ seine ältere Schwester nur zu gerne spüren, wie viel wichtiger er war als sie.

Nun stand sie an ihrem Platz in dem langen Zug, der sich vor dem Heiligtum gebildet hatte, während es langsam am Himmel immer heller wurde. Die Nacht war kalt, aber sternenklar gewesen. Vor vielen Jahren seien die Sterne viel besser zu sehen gewesen, behaupteten die älteren Leute immer, aber daran konnte sie sich nicht erinnern. Vor den Frauen hatten sich die Männer der Siedlung aufgestellt. Als Tochter des Astis führte Amintha die Frauen an, aber es waren viel weniger Frauen als Männer, da die meisten wegen ihrer Kinder gar nicht zu den möglichen Auserwählten zählen konnten.

Plötzlich zerschnitten tiefe, weit schallende Töne die Stille, die den Menschenzug umgeben hatte. Zwei Magier, die neben der Grotte der Göttin standen, verkündeten mit den Klängen ihrer Hörner den Sonnenaufgang. Amintha suchte den Morgenhimmel nach den ersten Sonnenstrahlen ab, aber der morgendliche Dunstschleier verschluckte noch das erste Morgenlicht.

In den Zug kam Bewegung. Langsam schoben sich die Menschen auf das Heiligtum zu. Die Magier hatten ihnen eingeschärft, dass sie ihre Scheibe mit abgewandtem Gesicht dem Gefäß entnehmen und sie dann, ohne sie zu anzusehen in der geschlossenen Hand bewahren sollten, bis ein weiteres Hornsignal alle dazu aufrufen würde, ihre Hände zu öffnen, um die Entscheidung des Orakels zu erfahren.

Je näher Amintha der Grotte kam, umso aufgeregter wurde sie. Jetzt war sie schon dicht bei den beiden Hornbläsern und den übrigen Magiern, deren Gesichter hinter unheimlichen Tiermasken verborgen waren. Vor der Höhle stand auf einem steinernen Podest der Kessel mit den Losplättchen. Amintha versuchte, das Standbild der Göttin zu sehen, aber im Flackern der Opferfeuer waren nur undeutlich der goldene Kleiderbesatz und die Krone zu erkennen. Doch als sie noch näher trat, erblickte sie zum ersten Mal das Gesicht der Göttin. Es war schwarz! Und die Augen waren große weiße Kugeln, die Amintha anzustarren schienen. Dieses Bild war so unheimlich, dass Amintha völlig vergaß, ihre Scheibe aus dem Kessel zu nehmen. Erst als die Frau hinter ihr sie anstieß, schreckte sie auf und griff hastig zu, wobei ihr gerade noch rechtzeitig einfiel, das Gesicht wieder abzuwenden.

Die Wartenden standen auf dem Versammlungsplatz. Die Scheibe in Aminthas Hand schien zu brennen. Sie konnte es kaum erwarten, bis alle ihre Scheibe genommen hatten. Längst war es hell geworden.
Was wäre, wenn sie die schwarze Scheibe in den Händen hielte? Hatte die Herrin des Berges sie nicht gerade mit ihren weißen Augen angesehen? Amintha war sich sicher, dass die Herrin des Berges nur selten einen Menschen anschaute. Sie jedenfalls hatte noch nie das Antlitz des Standbildes so deutlich erkennen können.
Vorsichtig sah Amintha sich um, ob auch niemand in ihre Richtung blickte, dann öffnete sie unmerklich ihre Faust ein wenig und spähte heimlich auf die kleine Holzscheibe.

3

Aminthas Knie knickten leicht ein. Der Jüngling neben ihr drehte überrascht den Kopf, als Amintha krampfhaft versuchte, gegen den starken Schwindel, der sie plötzlich ergriffen hatte, anzukämpfen.
„Bloß nicht auffallen, keiner darf merken, dass ich schon auf meine Scheibe geblickt habe, bevor die Magier das Zeichen dazu gegeben haben! Kann es denn wirklich sein, dass die Göttin mich gewählt hat? Ich bin doch noch so jung und auch kein Krieger. Wie soll ich das denn bloß

schaffen? Hätte ich nur eine weiße Scheibe gezogen! Wie hat die Göttin den Wunsch in meinem Herzen, in fremde Länder zu reisen, hören können?", schossen die Gedanken blitzartig durch Aminthas Kopf.

Inzwischen hatte die Menge in einem großen Halbkreis vor Astis, den Ältesten und den Magiern Aufstellung genommen. Die Dämmerung war einem diffusen Tageslicht gewichen. Feierlich erhob Astis beide Arme, ein Hörnersignal ertönte, jeder öffnete seine Hand und blickte auf seine Orakelscheibe.
Einen Moment herrschte tiefes Schweigen. Dann stieß ein Mädchen, das die Hände der Umstehenden gemustert hatte, einen erstaunten Schrei aus und deutete auf Amintha.
„Ich habe sie! Meine Scheibe ist schwarz!", wollte Amintha laut rufen, aber sie hatte das Gefühl, dass ihre Stimme sehr piepsig und ausgesprochen jämmerlich klang.
Ein lautes Stimmengewirr erhob sich. Wie in Trance und mit ausgestrecktem Arm schritt Amintha auf die Gruppe der Stammesführer zu. Als sie vor ihrem Vater stand und ihn ansah, bemerkte sie, dass dieser ganz bleich geworden war und sie mit einem Blick musterte, der halb erschrocken, halb verzweifelt war. Fürchtete er etwa, sie wäre der Aufgabe nicht gewachsen? Dann straffte Astis seine Schultern, nahm Amintha die Scheibe ab und hielt sie hoch, so dass alle sie sehen konnten:
„Die Herrin des Berges hat eine Entscheidung gefällt. Sie hat meine eigene Tochter als ihre Botin auserwählt. Die Weisheit der Göttin ist unfehlbar. Der Ältestenrat hätte sicher einen erfahrenen Kämpfer gewählt, aber unsere heilige Mutter hat sich für ein junges Mädchen entschieden. Eines Tages werden wir vielleicht erfahren, warum die Herrin des Berges so entschieden hat. Wir werden uns ihrem Willen beugen, und ich bin zuversichtlich, dass Amintha die für unser Volk so wichtige Reise zum Sonnengott erfolgreich bewältigen wird."
Inzwischen hatte einer der Magier die Scheibe übernommen und auf eine starke Lederschnur gefädelt. Er übergab sie Astis, der sie nun Amintha um den Hals band.
„Amintha, diese Scheibe darfst du nicht ablegen, bis du deine Reise abgeschlossen hast. Und als Zeichen dafür, dass du eine göttliche Botin bist, wirst du diesen Reif im Haar tragen."

Von einem Tablett, das ihm ein Magier reichte, nahm Astis ein rötlichgold glänzendes Diadem. Es bestand aus einem Reif, von dem fünf Streifen wie Federn nach oben abstanden. Seine Enden waren durchlocht und mit einer Lederschnur versehen, damit man das Diadem auf dem Kopf befestigen konnte. Der Schmuck bestand aus schwerer, glänzend polierter Bronze und war mit zahlreichen kreisförmigen Sonnensymbolen verziert. Ein solches Diadem trug auch die Göttin von Panwati, freilich bestand das ihrige aus getriebenem Gold.

Astis befestigte das Diadem so in Aminthas Haar, dass der Reif ihre Stirn bedeckte. Dann trat der oberste Magier vor. Es war ein sehr alter Mann, dessen schmächtiger Körper stark verkrümmt war, der aber trotzdem von allen hoch verehrt und auch gefürchtet wurde. Mit krächzender Stimme rief er in die Runde: „Die Nacht der Entscheidung habe

ich zu Füßen der Göttin in ihrer heiligen Grotte verbracht. Dort hat sie mir verkündet, welche Aufgaben die Botin erwarten."
Er wandte sich zu Amintha: „Auserwählte der Göttin! Du wirst zuerst in Richtung Osten, dort wo der Sonnengott seinen Tageslauf beginnt, reisen. Später wird dich dein Weg in Richtung Süden, zu dem Wohnsitz des Sonnengottes führen. Und du wirst dich auf der Reise der Transportmittel bedienen, die dem Sonnengott heilig sind: zu Lande auf einem Pferd und zu Wasser in einer Barke."

In den nächsten Tagen wurde Amintha noch mehrmals zu dem obersten Magier gerufen, der in einem Haus am Rande des heiligen Bezirks lebte. Den Gehilfen des Magiers, der Amintha jeweils zu den Gesprächen abholte, kannte sie gut. Er war etwa so alt wie sie und als Kinder hatten sie öfter zusammen gespielt. Schon damals war er anders gewesen als die übrigen Kinder, denn er konnte zwar hören, aber nicht sprechen. Nun war er sich seiner Bedeutung als persönlicher Gehilfe des Obermagiers sehr bewusst und hatte sich sogar einen würdevollen gemessenen Gang zugelegt, den Amintha ziemlich albern fand. Aber wenn sie dann die Wohnung des Magiers betrat, wurde sie jedes Mal sehr beklommen und wagte in seiner Gegenwart kaum, den Kopf zu heben. Sie versuchte, sich all das gut zu merken, was der Alte ihr mitzuteilen hatte, denn auf einer so gefährlichen Reise, wie sie ihr bevorstand, konnte jedes Detail wichtig und hilfreich sein.
„Deine Reise wird ein ganzes Jahr dauern. Du wirst zuerst den Fluss hinunterfahren, der die Ebene von Panwati durchfließt. Von dort gelangst du in einen größeren Strom, der schließlich in das mächtige Gewässer münden wird, das wir ‚die Mutter aller Flüsse' nennen. Auf ihm wirst du viele Tage unterwegs sein. Meide die gefährliche Strömung, halte dich mit dem Boot in Ufernähe. Aber achte auch darauf, dass du dich nicht in Seitenarmen verirrst. Wenn das geschieht, musst du immer wieder zum Hauptstrom zurückkehren, sonst kommst du nicht ans Ziel. Und du darfst das Wasser nur befahren, wenn der Sonnengott seine tägliche Reise vollzieht. Nachts musst du unbedingt am Ufer anlegen, denn sonst bist du ungeschützt."
Der Alte machte eine Pause und räusperte sich. Dann fuhr er fort:
„Aber du brauchst dich nicht zu fürchten. Die Göttin von Panwati wird

dich auf deiner Mission beschützen und dich vor allen Gefahren bewahren. Und sie hat mir noch etwas geweissagt: Du wirst auf deinem Weg eine große Kostbarkeit erhalten. Diese wirst du dem Sonnengott als Opfergabe bringen."
„Was wird das denn sein?", fragte Amintha überrascht.
„Das wirst du schon noch sehen", krächzte der Magier gereizt. Er war es nicht gewohnt, mit Fragen belästigt zu werden, und ganz offensichtlich wusste er selber nicht, um was es sich bei dieser Weissagung handelte. Anscheinend war er aber sehr gut über ihre Reiseroute informiert. Zumindest den ersten Teil, der sie Richtung Osten führte, schien er zu kennen.
Ein anderes Mal sprach er über die Menschen, denen sie auf ihren Reisen begegnen würde:
„Du wirst viele Völker treffen, die unsere Sprache nicht verstehen können. Sie werden dich an deinem Stirnreif als Götterbotin erkennen und dir deshalb kein Leid antun. Sie werden dich auch unterstützen, wenn du ihrer Hilfe bedarfst. Aber du darfst dich, bis du den Sonnengott erreicht hast, nie längere Zeit an einem Ort aufhalten, sonst wird die Herrin des Berges dich bestrafen."

4

Die letzte Nacht sollte Amintha unterhalb der Siedlung direkt am Flussufer verbringen. Obwohl es nur eine kurze Strecke bis dorthin war, wurde sie von fünf Kriegern und fünf Magiern dorthin geleitet und musste den Weg auf dem Rücken eines Pferdes zurücklegen, das von Joris, dem Anführer der Krieger, am Zaum geführt wurde. Am Ufer reichte er Amintha die Hand, um ihr beim Absteigen behilflich zu sein.
Amintha war sich wohl bewusst, dass er diese höfliche Geste nicht ihretwegen tat, denn Joris war über das Urteil der Göttin tief erbittert gewesen, hatte er doch fest damit gerechnet, dass er, als der hervorragendste Krieger des Stammes, für diese Mission auserwählt werden würde. Aber nun wollte er der Angelegenheit wenigstens ein würdiges Gepränge geben und – so vermutete Amintha – solange die Eskorte sie begleitete, als Beschützer und eigentlicher Kopf des Unternehmens auftreten.

Auch wenn Amintha Joris nicht besonders leiden konnte, hätte sie an diesem Abend beinahe gewünscht, er könnte mit ihr die Fahrt ins Ungewisse fortsetzen. Voller Unbehagen blickte sie auf die schnell dahinschießende Strömung des kleinen Flusses. Es würde schon schwierig genug sein, auf diesem Gewässer voranzukommen, aber wie sollte es erst werden, wenn sie die „Mutter aller Flüsse“ erreicht hätte? Zweifelnd blickte sie auf das kleine Kanu, das am Ufer vertäut lag. Das lange, aber schmale Gefährt bot höchstens für drei Personen Platz und war mit einem Paddel zu steuern. Amintha hatte wenig Erfahrung mit Booten, denn sie hatte bislang kaum Gelegenheit gehabt, sie zu benutzen. Es war nicht die Aufgabe der Frauen, längere Fahrten zu unternehmen. Immerhin konnte sie schwimmen, sodass sie nicht gleich ertrinken würde, sollte das Boot einmal umkippen.

Die Krieger hatten am Ufer ein Lager aufgeschlagen und brieten über dem Feuer ein Reh, das Joris am Vortag erlegt hatte. Amintha war so aufgeregt, dass sie überhaupt keinen Hunger verspürte, aber sie zwang sich zu essen und möglichst gelassen zu wirken. Joris, der neben ihr saß, gab ihr nochmals letzte Anweisungen, was wiederum die anwesenden Magier zu ärgern schien, die sich als Organisatoren des Unternehmens sahen. Aber Amintha war froh über die praktischen Ratschläge, denn Joris war schon weit herumgekommen und kannte sich aus.

„Versuche, dich in Ufernähe zu halten, aber achte darauf, ins Wasser gestürzte Baumstämme und sonstige Hindernisse zu umfahren. Du darfst es nie an Aufmerksamkeit fehlen lassen, denn so ein leichtes Boot kann sehr schnell umstürzen. Aber weil es so leicht ist, kannst du es auch besser steuern und zur Not sogar über Land weiter tragen, um Stromschnellen zu umgehen.“

„Aber wie soll ich denn bei den Stromschnellen mit einem so großen Boot durch den dichten Wald kommen, der das Ufer säumt?“, fragte Amintha zweifelnd.

„Du musst natürlich vorher einen Weg auskundschaften. Und dann hast du ja dein Messer, um dir durch dichtes Gehölz einen Weg zu bahnen.“ Joris seufzte. „Ich weiß wirklich nicht, warum die Göttin von Panwati gerade ein so schwaches und unerfahrenes Mädchen ausgewählt hat, aber“, dabei schielte er zu den Magiern, „du wirst schon irgendwie zurecht kommen, denn der Ratschluss der Göttin ist immer weise." Beruhigend klang das nicht gerade, denn Amintha entnahm seinem Ton, dass Joris große Zweifel daran hatte, ob sie tatsächlich ans Ziel kommen würde. Sie musste es einfach schaffen! Sie würde es Joris und all den anderen Männern, die sie so abschätzig musterten, zeigen! Und wenn sie die Gunst des Sonnengottes für ihr Volk erst wieder zurückgewonnen hätte, dann würde das Gerede vom unerfahrenen und schwachen Mädchen ein für alle Mal vorbei sein!

Mit Anbruch der Morgendämmerung sollte die Fahrt losgehen, deshalb legten sich alle recht bald um das glimmende Feuer zur Ruhe nieder. Nur Amintha konnte einfach nicht einschlafen. Das ungewohnte Band mit dem Sonnendiadem störte beim Liegen. Vom Fluss stieg kühle Feuchtigkeit auf, die sie auch unter ihrer wollenen Decke zittern ließ. Das ständige Rauschen und gelegentliche Plätschern war auch nicht dazu angetan, beruhigend zu wirken. Aber jetzt war sie wenigstens noch nicht allein.

„Amintha, wach auf, es wird gleich hell!"
Erschrocken fuhr sie aus einem tiefen Traum hoch und brauchte eine Weile, um sich zu besinnen. Von ihrer Reise hatte sie geträumt, von der Suche nach dem Sonnengott. Er wohnte ja gar nicht im Himmel, sondern tief in der Erde! Sie war getaucht, um zu ihm zu kommen, tief hinein in ein schlammiges finsteres Gewässer, immer tiefer, bis sie fast keine Luft mehr bekam, und gerade, als sie den Lichtschimmer gesehen hatte, der seine Gegenwart ankündigte, war sie geweckt worden. Nur wenig länger, und sie hätte den Sonnengott erblickt – zumindest im Traum!
Zögernd stand sie auf und rollte ihre Decke zusammen. Die Männer, die Fackeln angezündet hatten, trugen die Decke zum Boot, zusammen mit dem Ledersack, in den die wenigen Vorräte von Amintha eingewickelt waren. Ein Bogen und die Pfeile lagen schon in dem schmalen Gefährt. Im Fackelschein leuchtete die helle Bemalung mit Darstellungen der Sonnenscheibe auf, die die Außenwände des Bootes und das Paddel zierten. Obwohl Amintha eine warme Schaffellweste trug, zitterte sie vor Kälte. Vom Wasser stieg weißlicher Nebel auf. Langsam wurde es heller. Es wurde Zeit, Abschied zu nehmen.
Der ehrwürdige Obermagier trat aus der Gruppe hervor und sprach:

„Jetzt ist die Zeit gekommen, die Reise, für die dich die Göttin von Panwati ausgewählt hat, anzutreten. Sie wird dich unterwegs beschützen. Mögest du im nächsten Frühjahr wohlbehalten wiederkehren und mit deiner Opfergabe für den Sonnengott dafür sorgen, dass die Sonne dann mit ihrer alten Kraft den Schnee schmelzen und Licht und Wärme zu uns zurückbringen wird!"
„Die Göttin sei mit dir!", murmelten die Männer. Joris schob die anderen zur Seite, trat auf Amintha zu und nahm sie zum Abschied fest in die Arme. Am liebsten hätte sie sich an ihn geklammert, so bange war ihr und so ungern wollte sie das leichte Boot besteigen. Aber dann gab sie sich einen Ruck, kletterte die Uferböschung hinunter und stieg in das Boot.

Das Kanu wurde losgebunden, Amintha spürte einen leichten Stoß, und schon schoss es in die Strömung hinein. Fest umklammerte sie das Paddel und versuchte, das Boot zu lenken. Es war gar nicht einfach. Fast hätte sich das leichte Gefährt um sich selbst gedreht. Vor Aufregung begann Amintha zu schwitzen, obwohl ihr das kalte Wasser vom Paddel über die Arme rann und sie gehörig durchnässte. Immer schneller schoss das Kanu auf dem Fluss dahin. Als sie endlich Zeit hatte, sich umzudrehen, waren die Fackeln der Männer kaum noch durch den Morgennebel zu erkennen. Dann machte der Fluss eine Biegung, und Amintha war allein.

Auch als es heller wurde, wollte der dichte Nebel lange nicht weichen. Amintha spähte konzentriert nach vorne, immer gewärtig, gegen einen treibenden Baumstamm oder ein ähnliches Hindernis zu stoßen. Allmählich gewann sie an Sicherheit beim Steuern des Bootes. Wärmende Sonnenstrahlen durchbrachen zuerst zögerlich, dann immer stärker die Nebelschwaden bis sie von der Kraft der Sonne völlig aufgelöst worden waren. Sollte dies ein Zeichen des Sonnengottes sein, dass er ihre Fahrt guthieß, fragte sich Amintha. Auf jeden Fall war die Wärme angenehm und die Sicht gut. Entspannt hockte sie in ihrem Boot. Sie glitt an bewaldeten Ufern vorüber, die ihr den neugierigen Blick auf die dahinter liegende Landschaft verwehrten. Aber auch das Leben am Fluss war spannend und abwechslungsreich. Sie sah Rotwild bei der Tränke, immer wieder flogen Wasservögel auf, und obwohl der Fluss ziemlich reißend war, konnte sie doch mehrmals die Umrisse größerer Fische im Wasser erkennen.
Am späten Nachmittag bewölkte der Himmel sich wieder, und es begann zu regnen. Als die Dämmerung heraufzog, suchte Amintha die Ufer nach einem guten Übernachtungsplatz ab und steuerte schließlich eine sandige Bucht an, in der ein riesiger umgestürzter Baum ins Wasser ragte. Seine Zweige bildeten auf dem Ufersand einen geschützten Unterschlupf, den sie mit trockenem Schilf vom Vorjahr noch regenfester machte. Sie nahm Feuerstein und Zunder aus ihrem Ledersack und versuchte, trotz des Regens Funken zu schlagen und damit aufgehäuftes trockenes Gras zu entzünden. Sie wollte schon fast aufgeben, als endlich ein Hälmchen Feuer fing. Bald prasselten die Flammen in einem großen Haufen Reisig und verbreiteten eine wohltuende Wärme. Im letzten Licht des Tages suchte Amintha einige flache Steine, die sie in die Flammen schob. Dann kramte sie aus ihrem Beutel einen Angelhaken und eine dünne Schnur heraus, suchte sich auf dem umgestürzten Baum ein Plätzchen über dem Wasser und fischte. Erstaunlich schnell zog sie hintereinander drei Fische ans Ufer, die sie auf Stecken über der Glut röstete. Danach rührte sie in einer Holzschale aus Mehl, Wasser und Salz einen Brei an. Die flachen Steine waren inzwischen sehr heiß geworden. Amintha zog sie mit zwei Stöcken aus der Feuerstelle und strich den Mehlbrei darauf. Durch die Hitze entstanden in kurzer Zeit harte dünne Brotfladen.

Ihre Vorräte an Salz und Mehl durften auf keinen Fall nass werden. Deshalb bewahrte sie sie in getrockneten Harnblasen von Schafen auf, die auch bei starkem Regen wasserdicht blieben. Lange würde der Mehlvorrat natürlich nicht reichen. Sie würde unterwegs Getreide eintauschen müssen.
Amintha war mit dem Verlauf des ersten Reisetages ganz zufrieden und doch beschlich sie plötzlich, als sie neben dem erlöschenden Feuer saß und ihre Fische aß, ein zaghaftes Gefühl von Einsamkeit. Wie schön wäre es gewesen, hätte sie die Reise zusammen mit Feha machen können! Ja, selbst der eingebildete stumme Gehilfe des alten Magiers wäre ihr jetzt als Gefährte recht gewesen.
Im nahen Unterholz knackte es. War das ein Tier oder schlichen sich Menschen an, die ihr vielleicht Böses wollten? Vielleicht gab es hier auch Bären? Aber hatte die Göttin von Panwati sie nicht unter ihren Schutz gestellt? Dann konnte ihr doch eigentlich kein Unheil zustoßen! Aber so ganz sicher war sie sich doch nicht. Amintha hüllte sich in ihre warme Decke, schlüpfte in ihr Nachtlager und ließ den Blick immer noch wachsam durch die zunehmende Dunkelheit wandern. Sie beschloss, so lange wie möglich wach zu bleiben. Wenige Augenblicke später fiel sie jedoch in einen unruhigen Schlummer, aus dem sie gelegentlich kurz aufschreckte.

5

Am nächsten Morgen schämte sich Amintha ein bisschen, solche Angst gehabt zu haben. Schnell verstaute sie ihre Sachen im Boot und stieß vom Ufer ab. Während der nächsten Stunden ließ sie sich von der Strömung tragen und musste nur einige dicht mit Gestrüpp bewachsene Inseln umfahren, die den Fluss in mehrere Arme teilten. Dabei geriet sie einmal versehentlich in einen Nebenarm. Sie merkte es erst, als die Strömung immer geringer und die Uferzone immer sumpfiger wurde. Schließlich ging es gar nicht mehr weiter, und sie musste mühsam eine lange Strecke zurückpaddeln.

„Wie gut, dass die Reise zum Sonnengott nicht gegen die Strömung geht!“, dachte sie erleichtert, als sie endlich wieder den Hauptarm erreicht hatte. Dieser mündete bald darauf in einen größeren Fluss, der nicht mehr so reißend war, sodass Amintha nicht mehr so sehr auf Hindernisse achten musste. Nun durfte es wohl nicht mehr so weit bis zur „Mutter aller Flüsse“ sein. Amintha lehnte sich weit über den Rand, um die Schwielen an den Händen zu kühlen, die das Paddel hinterlassen hatte. Und so merkte sie erst sehr spät, dass ein Boot direkt auf sie zusteuerte. Zwei Männer paddelten, ein dritter kniete im Bug und hatte seinen Pfeil auf sie gerichtet. Ein zweites Boot tauchte aus dem Dickicht am Ufer auf. Beide näherten sich schnell, wendeten und nahmen das Kanu von Amintha in die Mitte.

Furcht stieg in Amintha auf, aber sie wusste, dass es sinnlos gewesen wäre, zu fliehen. Ob diese Männer zu dem Nachbarvolk gehörten, mit dem die Leute von Panwati seit ewigen Zeiten verfeindet waren? Sie hatte Angst, aber sie ärgerte sich auch, dass sie so wenig wachsam gewesen und dadurch in diese Situation geraten war.

Die fremden Männer musterten sie neugierig. Der im Bug Kniende legte seinen Bogen weg und versuchte, den Rand ihres Kanus an sich heranzuziehen. Plötzlich stieß er einen erstaunten Schrei aus: „Das Diadem! Seht her, sie trägt das Diadem!“

Zwischen den fremden Booten eingeklemmt wurde Amintha ans Ufer getrieben. Die Männer sprangen aus den Booten und zogen sie ans Land. Amintha kletterte so würdevoll wie möglich aus ihrem Kanu und richtete sich dann zu ihrer ganzen, leider nicht so imponierenden Größe auf. Sie war sehr erleichtert, dass das Diadem von den Fremden als Zeichen für die Götterbotin erkannt und geachtet wurde. Der dicke Kloß, der ihr gerade noch im Hals gesessen hatte, hatte sich aufgelöst, und so konnte sie sicher sein, dass ihre Stimme nicht aus Angst versagen würde:

„Wer seid ihr, die es wagen, die Götterbotin aufzuhalten!", herrschte sie die Männer an.

Verlegen sahen die Männer zu Boden. Dann trat einer vor.

„Wir wollen dir doch nichts Böses tun. Aber wir müssen natürlich wissen, wer in unser Gebiet eindringt und was für Absichten er hat. Sage uns also, wer du bist und warum du so ganz allein den Fluss hinunterfährst."

„Ich bin Amintha, Tochter des Fürsten Astis. Und ich bin auserwählt worden, um die Sonne in unser Land zurückzubringen. Meine Reise führt mich direkt zum Gott des Lichtes."

Voller Erfurcht blickten die Männer das Mädchen an.

„Du sollst die Sonne zurückbringen? Das wäre wahrlich eine Heldentat! Auch unser Volk sehnt sich seit langem nach Wärme und Trockenheit. Fast alle Vorräte sind verbraucht, und in diesem Jahr wird die Ernte wohl wieder sehr schlecht ausfallen. Sage uns Amintha, Tochter des Astis, wie wir dich unterstützen können. Sollen wir dich ein Stück auf deinem Weg begleiten?"

Inzwischen hatte einer der Männer mehrere Felle auf dem Boden ausgebreitet. Alle nahmen Platz. Eine Schale mit Honigmet wurde herumgereicht, und auch Amintha musste von dem berauschenden Getränk zumindest nippen. Es schmeckte süß und angenehm. Langsam entspannte sie sich und fing sogar an, das Treffen zu genießen. Die Männer hingen an ihren Lippen, als sie ihnen nun erzählte, wie das Orakel der Herrin des Berges sie als Botin bestimmt hatte, auf diese lange Reise zu gehen, um den Sonnengott wieder gnädig zu stimmen. Sie sagte ihnen auch, dass sie die Reise alleine durchführen müsse, aber für kurzes Geleit sehr dankbar wäre.

„Die Göttin von Panwati ließ mir durch den Magier verkünden, ich würde auf diesem Fluss zur Mutter aller Flüsse gelangen. Könnt ihr mir sagen, wie weit es noch bis dahin ist?"

„Oh, du kannst den großen Strom in einer Tagesreise erreichen. Aber die Fahrt auf der Mutter aller Flüsse ist gefährlich und kostet viel Kraft,

denn die Strömung ist dort sehr stark", erklärte der Anführer. „Wir können dich bis zur Mündung begleiten und dafür sorgen, dass du sicher dorthin gelangst. Doch vorher solltest du noch mit in unser Dorf kommen. Du könntest Kraft schöpfen, und unser Oberhaupt und unser Magier würden sich durch deinen Besuch sehr geehrt fühlen. Es ist nur wenige Stunden bis dahin, wir würden heute Abend dort sein."
Amintha überlegte. Eigentlich hätte sie gerne diese Leute und ihr Volk näher kennengelernt, aber sie war ja noch ganz am Anfang ihrer Reise und wollte einfach keine Zeit verlieren. Aber wenn sie ablehnte, würde das vielleicht als Beleidigung aufgefasst werden. Zögernd wandte sie sich an den Anführer:
„Ich danke euch sehr für die Gastfreundschaft, aber ich darf mich nicht aufhalten. Der Magier hat mir eingeschärft, dass ich keine Zeit verlieren darf, denn der Weg zum Sonnengott ist sehr weit. Deshalb nehme ich eure Hilfe gerne an, aber ich muss unbedingt noch heute die Fahrt fortsetzen."
Mit Bedauern willigten die Männer schließlich ein. Während die eine Gruppe zurückblieb, wurde für Amintha im größten Boot ein Platz mit weichen Fellen ausgepolstert. Ihr kleines Kanu wurde an das andere Gefährt angebunden, und dann ging es in schnellem Tempo weiter flussabwärts. Am Abend machten sie Halt. Einer der Männer erlegte zwei Enten, die später über dem Feuer gebraten wurden. Amintha wurde wie eine Königin bedient. Die Männer errichteten sogar ein Zelt für sie, in dem sie schlafen konnte.
Am Mittag des nächsten Tages erreichten sie die Flussmündung. Amintha war beeindruckt von den mächtigen Wassermassen, die die Mutter aller Flüsse mit sich führte. Das jenseitige Ufer schien unendlich weit entfernt. Das Wasser des Hauptstromes war schlammiger und deshalb bräunlich, während der Nebenfluss, auf dem sie nun die Mündung erreichten, eine grünliche Färbung hatte, die sich allmählich mit dem braunen Hauptarm des Flusses vermischte. Wie von den Männern vorhergesagt, wälzte sich das Wasser mit großer Kraft talwärts. Das Boot hatte die Stelle des Zusammenflusses kaum erreicht, als es auch schon in wilder Fahrt dahinzuschießen begann. Mit Konzentration und Geschick stabilisierten die Männer die Kanus. Amintha klammerte sich am Rand fest und fürchtete jeden Moment zu kentern, aber die Männer

lachten und schienen die schnelle Fahrt zu genießen. Schließlich steuerten sie das Boot zum Ufer, und mit wackligen Knien sprang Amintha an Land.
Nur zögernd ließen die Männer sie ihre Fahrt alleine fortsetzen. Amintha wäre auch gerne länger in ihrer Gesellschaft geblieben, zumal sie so ehrerbietig behandelt wurde, wie sie es daheim nie erlebt hatte. Aber sie musste ihre Reise fortsetzen. Die Männer beschrieben ihr die Landschaft, die sie in den nächsten Tagen durchqueren würde und gaben ihr ein paar Vorräte für die nächsten Tage mit.
„Mögen die Götter dich auf deiner weiteren Reise beschützen", wünschte der Anführer ihr beim Abschied. „Und wenn du dem Sonnengott gegenübertrittst, dann bitte auch für unser Volk, dass er uns wieder gnädig werden möge, denn wir leiden ebenso wie deine Leute unter den schlechten Ernten der letzten Jahre."
Amintha versprach es gerne, dankte nochmals für die Begleitung und bestieg ihr kleines Boot. Kurz darauf war sie den Blicken der Männer entschwunden.

Noch mehrmals begegnete Amintha in den nächsten Tagen Fremden, die ihre Siedlungen an den Ufern des Flusses hatten. Anfänglich stellte es kein Problem dar, sich mit den Leuten zu unterhalten, aber je länger sie unterwegs war, umso seltener traf sie Menschen, die ihre Sprache verstanden. Trotzdem brauchte sie sich keine Sorgen zu machen, denn das Diadem, das ihre Stirn schmückte, war allen wohlbekannt. Überall wurde sie freundlich aufgenommen, erhielt Vorräte und Informationen darüber, worauf sie bei ihrer Weiterfahrt zu achten hatte. Das ersparte ihr so manchen Ärger, denn immer wieder passierte sie gefährliche Stellen, and denen die Strömung besonders stark war oder wo Nebenflüsse mündeten und dadurch Wirbel entstanden, die einem kleinen Boot gefährlich werden konnten.

Als Amintha in Panwati zu ihrer Reise aufgebrochen war, hatte die Mondsichel am Himmel gestanden. Inzwischen zeigte sich die Göttin der Nacht fast wieder in ihrer ganzen runden Gestalt. Amintha hatte längst gelernt, sehr geschickt mit ihrem Kanu umzugehen und deshalb immer weniger Sorge, dass ihr etwas zustoßen könnte. Die Nächte verbrachte sie stets an Land und pflegte dann mit Aufgang der Sonne oder, was viel häufiger der Fall war, mit dem zunehmenden Morgenlicht, das sie durch Nebel oder Nieselregen wahrnahm, ihre Fahrt fortzusetzen.

Anfangs hatten sich links und rechts des großen Stroms noch hohe Bergketten erstreckt, aber nun fuhr sie schon seit längerer Zeit durch eine weite Ebene. Mehrmals war sie in einen Nebenarm des Hauptflusses geraten. Einmal hatte sie deswegen sogar zwei Tage verloren. Aber immer wieder traf sie Menschen, die ihr weiterhelfen konnten, auch wenn sie sich oft nur mit Handzeichen verständlich machen konnte.

Nachdem der Fluss sie mehrere Tage nach Osten geführt hatte, änderte er plötzlich seine Richtung und bog nach Süden ab. Nun würde sie immer weiter in diese Richtung reisen, bis sie schließlich das Land des Sonnengottes erreichte. Wie weit konnte es noch sein?

In den letzten Tagen war es immer wärmer geworden, auch wenn die Sonne nach wie vor hinter dicken Wolken oder einer dichten Dunstschicht verborgen blieb. Die Mücken, die sich über dem Wasser tummelten, wurden zu einer richtigen Plage für Amintha. Nachts legte sie sich dicht neben die qualmende Feuerstelle, um den Stichen zu entgehen. Sie rieb ihre Haut zum Schutz sogar mit Asche ein, aber auch das hielt die Quälgeister kaum ab.

An diesem Morgen empfand sie die Mückenplage als besonders lästig. Kein Windhauch bewegte die Luft, und es war schon früh ungewöhnlich heiß. Die Sonne hatte sich hinter dichten Wolkenschleiern verborgen, die sich im Laufe des Tages zu dunklen Türmen aufschichteten. Sicher würde es am Abend ein Gewitter geben, aber noch war nicht das leiseste Grollen zu hören. Trotzdem suchte Amintha das Ufer bereits früh nach einem geeigneten Landeplatz ab, denn sie würde Zeit brauchen, sich wegen des Unwetters einen wasserdichten Unterstand zu errichten. Aber beidseits des Flusses erstrecken sich lang gezogene Sümpfe mit dichtem Schilfbewuchs. Hier in diesem Reich der Mücken wollte sie jedoch keinesfalls nächtigen!

Am frühen Nachmittag wurde es sehr schnell immer dunkler. Urplötzlich kam ein scharfer Wind auf. Unruhig kämpfte sich Amintha durch die immer höheren Wellen. Sie musste sehen, dass sie schnellstens ans Ufer kam, ganz gleich, ob es sumpfig war oder nicht. Doch die morastigen Ränder boten einfach keine Landemöglichkeit.

Ein erster heller Blitz durchzuckte den Himmel. Angstvoll hörte Amintha auf den Donner. Es vergingen drei Atemzüge, bis das Dröhnen einsetzte, das Gewitter war also noch ein gutes Stück entfernt. Mit einem weiteren heftigen Windstoß setzte starker Regen ein. Fast wäre das Boot bei der Bö gekentert und trieb nun quer zum Strom. Verzweifelt versuchte Amintha, es wieder in die Strömung zu steuern. Aber bevor sie wusste, wie ihr geschah, wurde ihr das Paddel aus den Händen gerissen. Wasser schwappte ins Kanu, und der Ledersack, der Aminthas Besitztümer enthielt, wurde über Bord gespült. Sie warf sich nach hinten, um den Beutel noch festzuhalten: Die hastige Bewegung brachte das Kanu völlig aus dem Gleichgewicht, so dass es kenterte. Amintha geriet sofort unter Wasser und wurde von der Strömung mitgerissen. Mit aller Kraft versuchte sie, sich über Wasser zu halten. Im strömenden Regen waren die Ufer nicht mehr zu sehen, auch wenn Blitze das Gelände kurzfristig in grelles Licht tauchten.

Amintha war eine gute Schwimmerin, aber bald würden sie in diesem aufgewühlten Fluss, behindert durch ihr vollgesogenes und schweres Kleid, die Kräfte verlassen. Voller Verzweiflung kämpfte sie sich in Richtung Ufer. Mehrmals schluckte sie Wasser, der einsetzende Husten nahm ihr zusätzlich Kraft. Eine gefühlte Ewigkeit glaubte Amintha, nicht einmal eine Armlänge voranzukommen, hin zum rettenden Ufer. Aber ihr wütender, verzweifelter Wille ließ sie weiter kämpfen, bis sie schließlich Boden unter den Füßen spürte. Völlig erschöpft taumelte sie an Land. Dichtes Schilf umgab sie, dazwischen war faulig stinkender, tiefer Morast. Mühsam kroch sie weiter, bis sie schließlich eine Stelle erreichte, an der Wasservögel ein riesiges Nest aus Schilfhalmen errichtet hatten. Mit letzter Kraft zog sie sich hinein, kauerte sich eng zusammen und schlief trotz des strömenden Regens und des grollenden Donners vor lauter Erschöpfung sofort ein.

6

Es wurde die längste und scheußlichste Nacht, die Amintha auf ihrer Reise bislang erlebt hatte. Als sie nach einiger Zeit erwachte, hatte sich zwar das Gewitter verzogen, aber der Regen strömte unablässig, und sie war ihm in ihrem Nest schutzlos ausgesetzt. Bis dann endlich die Morgendämmerung kam, war sie vor Kälte ganz steif. Wie sollte es nun weitergehen? Sie hatte alles verloren, ihr Boot, ihre Vorräte und ......! Erschrocken griff sie sich an den Kopf und stieß einen erleichterten Seufzer aus. Wenigstens das Diadem war noch da. Die Göttin hatte sie also nicht ganz verlassen. Aber Amintha brauchte Hilfe. Sie musste Menschen finden. Mühsam rappelte sie sich von ihrem Lager hoch und tastete sich durch das Schilf voran . Immer wieder sank sie tief in den schwarzen, stinkenden Schlamm. Sie fürchtete, im Kreis zu gehen und nie aus diesem Sumpf herauszukommen.
Allmählich dämmerte es und die aufgehende Sonne ermöglichte ihr wieder, sich an den Himmelsrichtungen zu orientieren. Dennoch vergingen Stunden, bis sie schließlich den Schilfgürtel hinter sich gelassen hatte und auf festes Land kam. Erschöpft legte sie eine Pause ein. Sie fühlte sich einfach scheußlich. Von den Haaren bis zu den Zehen war sie mit einer dicken Schlammschicht bedeckt, die langsam trocknete und in Schuppen abfiel. Seit dem Morgen des Vortages hatte sie nichts mehr gegessen und nur die schlammige Brühe getrunken, die sich in einigen Pfützen gesammelt hatte. Und wo war sie bloß? Wo war der Fluss? Hinter ihr lag nur das riesige Schilfmeer, und vor ihr wuchs dichtes Unterholz mit einigen größeren Bäumen. Aber von der „Mutter aller Flüsse" war weit und breit nichts mehr zu sehen.
Entschlossen bahnte sich Amintha nach ihrer Rast einen Weg durchs Unterholz zu einem größeren Baum, dessen Äste so nahe am Boden begannen, dass sie leicht hinaufklettern konnte. Von oben war tatsächlich mehr zu sehen. Das breite Band des Flusses blinkte in der Sonne, war aber durch den riesigen Schilfgürtel von ihr getrennt. Den würde sie keinesfalls nochmals durchwaten, schwor sich Amintha. Sie suchte den Rand des Schilfes ab. Überall nur Gestrüpp, aber da, gegen Sonnenuntergang, bewegte sich da nicht etwas? Amintha kniff die Augen zusammen, um besser sehen zu können. Undeutlich erahnte sie Kühe, die dort zwischen den Büschen weideten. Und wo Kühe waren, mussten auch Menschen sein!

Als Amintha endlich die Viehherde erreichte, setzte bereits die Dämmerung ein. Unterwegs war sie auf einen Bach gestoßen, hatte ihren Durst gestillt und sich, so gut es ging, den Schlamm vom Körper gewaschen. Auch ihr knielanges Hemd, das einzige Kleidungsstück, das sie noch besaß, hatte sie im Bach gespült. Nun war es auf ihrem Körper fast schon wieder trocken geworden.

Die Herde machte einen stattlichen Eindruck. Die Tiere waren größer als die Rinder, die sie von daheim kannte, außerdem gab es noch einige Pferde, Schafe und Ziegen. Plötzlich entstand Bewegung zwischen den grasenden Tieren. Ein kleiner Junge rannte auf eines der Pferde zu, schwang sich geschickt auf seinen Rücken und galoppierte davon. Zwei weitere Jungen hatten sich halb hinter einem Busch versteckt und blickten Amintha erschrocken an.

Mit lächelndem Gesicht ging sie auf die beiden zu und rief:

„Ihr braucht keine Angst zu haben. Ich bin eine Botin der Götter. Bringt mich in euer Dorf, ich muss dringend euren Anführer sprechen."

Verständnislos starrten die Beiden sie an. Besonders das Diadem schien es ihnen angetan zu haben. In einer für Amintha fremden Sprache flüsterten sie miteinander, dann hob der eine einen Erdbrocken auf und warf ihn auf Amintha.

„He, was fällt euch ein! Zeigt man Fremden so seine Gastfreundschaft? Wartet nur ihr Bengel, bis eure Eltern auftauchen!", rief Amintha empört und ließ sich in einiger Entfernung auf dem Boden nieder. Hoffentlich war der dritte von diesen Schmutzfinken losgeritten, um sein Dorf zu alarmieren. Lange jedenfalls hielt sie es ohne Nahrung und Hilfe nicht mehr aus.

Tatsächlich dauerte es nicht lange, bis mehrere Reiter auf sie zugesprengt kamen. Sie umringten Amintha und herrschten sie in der ihr unverständlichen Sprache an. So würdevoll es ihr in ihrem abgerissenen Zustand möglich war, richtete Amintha sich auf und rückte das Diadem auf ihrer Stirn zurecht.

„Ich möchte euch um Hilfe bitten", begann sie. Vielleicht verstand ja doch einer ihre Sprache, sonst konnte es schwierig werden. Aber die Männer schienen sie nicht zu verstehen. Schließlich wurde sie grob am Arm gepackt und hinter einen der Reiter aufs Pferd gehoben. In wildem Galopp sprengte die ganze Gruppe mit ihr davon. Wäre Amintha nicht

eine so gute Reiterin gewesen, hätte sie kaum eine Chance gehabt, sich bei dem Tempo auf dem Pferd zu halten, denn weil sie hinten saß, konnte sie keinen richtigen Knieschluss bekommen. So klammerte sie sich mit aller Kraft an dem Mann fest und hoffte, nicht herunterzufallen.
Endlich kamen sie in einem Dorf an. Erleichtert glitt Amintha vom Pferd und wurde sofort von einer neugierigen Menschenmenge eingeschlossen. Ihre Begleiter schienen den anderen etwas zu erklären. Plötzlich schob sich eine alte Frau durch die Menge. Die anderen machten ihr ehrfürchtig Platz, denn offenbar besaß sie eine bedeutende Stellung in der Volksgemeinschaft. Sie musterte Amintha von Kopf bis Fuß und sprach sie dann mit krächzender Stimme an:
„Wer bist du, Mädchen, die von den Ländern des Westens hierher kommt und das Zeichen der Götterbotin trägt?“
„Oh, du kannst meine Sprache verstehen, wie wunderbar!“, rief Amintha erleichtert. „Ich bin Amintha, die Tochter des Astis, des Herrschers von Panwati. Ich bin auserwählt worden, den Sonnengott zu suchen. Ich wurde auf meiner Fahrt auf der Mutter aller Flüsse gestern vom Gewitter überrascht und habe mein Boot und meine Ausrüstung verloren. Nun brauche ich Hilfe. Könnt ihr mir ein Kanu und etwas zu essen geben? Ich bin völlig erschöpft, und doch muss ich unbedingt weiter.“
Die Alte wandte sich ab und redete in der fremden Sprache auf die anderen ein. Dann ergriff sie Amintha bei der Hand und führte sie zu einer niedrigen Hütte, deren Dach bis auf den Boden reichte. Unsicher stolperte Amintha einige Stufen hinunter, die ins Innere des dunklen Raums führten, der nur durch ein schwaches Feuer erleuchtet wurde. Dort wies die Alte sie an, auf einem Lager Platz zu nehmen und schöpfte aus einem Topf, der dicht neben dem Feuer stand, Suppe und Fleischbrocken in einen Napf, den sie Amintha reichte.
Dankbar lächelte Amintha die Alte an und fiel hungrig über das Essen her. Im Nu war die Schale geleert, aber sie traute sich nicht, um mehr zu bitten. Die Alte hatte sich hingehockt und beobachtete sie aufmerksam.
„Nun, Tochter des Astis, wer auch immer er sein möge, du kommst zu einer schlechten Zeit in unser Land. Mehrere unserer Siedlungen sind in letzter Zeit von Fremden überfallen worden, das Vieh wurde geraubt und die Hütten niedergebrannt. Fremde werden deshalb mit Misstrau-

en betrachtet. Du kannst froh sein, dass dir bis jetzt noch nichts geschehen ist und die Männer dich zu mir gebracht haben. Ich bin vor vielen Jahren in dem Land geboren, das flussaufwärts liegt und wo sie deine Sprache sprechen. Und ich kenne das Zeichen der Göttin, das du auf der Stirn trägst. Deshalb werde ich dir helfen."

„Oh, dass ist großartig! Ich brauche ein Boot und..."

„Ein Boot wirst du nicht bekommen. Unsere Männer benötigen alle Boote, um sich an den Fremden zu rächen. Die Viehräuber sind zwar entkommen, aber wir werden uns die Schätze, die sie uns geraubt haben, auf andere Weise wiederholen, ja, das werden wir!"

Verständnislos blickte Amintha die Alte an, deren Augen zu leuchteten begonnen hatten und um deren zahnlosen Mund ein triumphierendes Lächeln spielte. Sie schien nur zu bereit, von ihren Racheplänen zu erzählen. Trotz der Müdigkeit in ihrem Körper beschloss Amintha, der Alten aufmerksam weiter zuzuhören. Vielleicht würde sie dann noch etwas zu essen bekommen oder etwas erfahren, was ihr nützlich sein könnte. Es war nicht schwer, die alte Frau zum Weiterreden zu ermutigen.

„Aus den Ländern am nördlichen Rande der Welt, dort wo die Sonne nur im Sommer zu sehen ist, kommen jedes Jahr reiche Händler, die die Mutter aller Flüsse hinunterfahren. Sie bringen das Gold des Nordmeeres, den Bernstein, der in ihrer Heimat in großen Mengen zu finden ist. Damit reisen sie weit in den Süden und tauschen das Gold des Nordmeeres gegen andere Kostbarkeiten. Unser Ältestenrat hat beschlossen, sie in diesem Jahr nicht vorbeiziehen zu lassen. Ihre Reichtümer sollen uns für das entschädigen, was uns von den räuberischen Fremden genommen worden ist. Unsere Krieger und die Männer aus den Dörfern flussabwärts halten am Ufer Wache. Wenn die Fremden mit ihren Kähnen kommen, werden wir sie erschlagen und ihnen ihre Schätze wegnehmen. Dann sind wir für die Überfälle auf unsere Dörfer gerächt."

„Aber das waren doch ganz andere Leute, die eure Dörfer zerstört haben!", rief Amintha empört. „Ihr könnt doch deswegen nicht einfach vorbeireisende Händler überfallen. In unserer Heimat wird schon den Kindern beigebracht, dass Händler unter dem Schutz der Götter stehen. Weiß man denn hier gar nichts davon?"

„In friedlichen Zeiten mag das so sein, aber jetzt herrscht Krieg", brummte die Alte böse. „Außerdem geht es dich gar nichts an. Wir können dir kein Boot geben. Es wäre auch viel zu gefährlich, von hier aus den Fluss weiter hinunterzufahren. Unsere Krieger würden dich sofort wieder gefangen nehmen. Und es gibt nicht überall eine Frau wie mich, die deine Sprache und die Bedeutung des Diadems in deinem Haar kennt und dir Schutz gewähren kann."

Es entstand eine Pause. Amintha traute sich nicht, noch etwas zu sagen, und die Alte schien eingeschnappt zu sein. Aber dann fuhr sie doch fort: „Am besten, du gehst den Fluss wieder hinauf. Dann wirst du irgendwann auf Menschen treffen, die dir weiterhelfen. Es gibt noch andere Wege, um ins Land des Sonnengottes zu kommen. Hier werden wir dich jedenfalls nicht durchlassen."

Der Tonfall, in dem die alte Frau die letzten Worte gesprochen hatte, zeigte Amintha deutlich, dass es aussichtslos war, die Frau und die rachsüchtigen Menschen dieses Volkes umzustimmen.

„Du kannst eine Nacht hierbleiben, aber morgen bei Tagesanbruch musst du gehen. Ich werde dir Nahrung mitgeben. Geh in Richtung Norden immer am Schilf entlang. Nach einer Tagereise hast du den Sumpf hinter dir und kannst wieder am Ufer der Mutter aller Flüsse entlanglaufen. Dort wirst du auf die Siedlungen unserer Nachbarn treffen. Aber versuche nicht noch einmal, den Strom in Richtung Süden zu befahren oder an seinem Ufer in diese Richtung vorzudringen. Du magst zwar das Zeichen der Göttin tragen, aber unsere Krieger werden alle Fremden töten, die sie in dieser Gegend treffen."

7

Es blieb Amintha nichts anderes übrig, als sich den Weisungen der Alten zu fügen. Am Morgen erhielt sie etwas Brot und getrockneten Fisch, dann brachte die Frau sie bis an den Rand der Siedlung und beschrieb ihr den weiteren Weg. Die um sie stehenden Menschen musterten Amintha mürrisch und feindselig. Sie spürte deutlich, dass sie hier nicht gut gelitten war und dass nur das Diadem auf ihrer Stirn sie vor tätlichen Angriffen schützte.
Deprimiert ließ sie die Hütten hinter sich und wandte sich nach Norden. Es musste doch eine Möglichkeit geben, das Gebiet dieses ungastlichen Stammes zu umgehen und wieder weiter in Richtung Süden zu reisen! Der alte Magier hatte vor ihrer Abreise nichts davon erwähnt, dass sie an ihrer Flussfahrt gehindert werden könnte. Die große Zuversicht, die in seinen Worten gelegen hatte, als er Amintha den einzuschlagenden Weg beschrieben hatte, ließ ihre Entschlossenheit mit jedem Schritt, den sie trotzig das Ufer entlang setzte, wachsen.

Den ganzen Tag lief Amintha am Rand des riesigen Schilfgürtels entlang. Irgendwann würde der scheinbar endlose Sumpf ein Ende nehmen und sie würde wieder den Fluss erreichen! Aber noch zeichnete die Landschaft ein eintöniges und trostloses Bild, so weit das Auge reichte. Am Abend verzehrte sie ihre Vorräte, kuschelte sich im Schutz eines Gebüschs zusammen und verbrachte eine unruhige Nacht, in der sie vor lauter Kälte, die auf den schwülen Tag gefolgt war, immer wieder aufwachte.
Amintha spürte längst nicht mehr die unzähligen Mückenstiche und die Abschürfungen, die sie sich im dichten Unterholz zugezogen hatte, als sie am Nachmittag des folgenden Tages völlig erschöpft das breite Flussufer erreichte. Zwei Tage war es jetzt her, dass sie in das schreckliche Gewitter geraten war. Seitdem war sie ihrem Ziel kein Stück näher gekommen, und auch jetzt noch brachte sie jeder Schritt weiter davon weg, da sie sich weiterhin mühsam flussaufwärts vorankämpfen musste! Wie lange würde es noch dauern, bis sie wieder auf Menschen stieß? Und würden die ihr weiterhelfen können?
Der Magier hatte sie nur davor gewarnt, nachts den Fluss zu bereisen,

nicht aber, am Ufer voranzukommen. Als es dunkel wurde, beschloss Amintha daher, weiterzulaufen. Ob die Mücken sie nun im Liegen oder im Laufen stechen würden, war schließlich egal. Und Schlaf würde sie sowieso kaum finden, das hatte ihr die letzte durchfrorene Nacht gezeigt. Sie hatte weder ihren Feuerstein, um sich ein Lagerfeuer anzuzünden, noch besaß sie eine Decke und noch nicht einmal mehr eine Angel, um zu fischen. Die Wegzehrung der Alten hatte sie inzwischen längst aufgegessen. Je eher sie auf hilfsbereite Menschen stoßen würde, umso besser wäre es für sie.

Im bleichen Licht des aufgegangenen Mondes konnte Amintha in der Dunkelheit wenigstens erahnen, wohin sie ihre Schritte setzen konnte. Sie war so müde, dass sie die dornigen Ranken, die ihre Beine zerkratzten, kaum noch spürte. Immer weiter stolperte sie am Ufer entlang. Aber dann wurde sie auf einen Schlag hellwach und blieb stehen. Da, auf der anderen Uferseite, sah sie einen Lichtschein. Er war nur schwach zu erkennen, vielleicht kam er von einer kleinen Feuerstelle. Dort könnten Menschen ein Lager aufgeschlagen haben, schoss es ihr durch den Kopf. Ob sie wohl auch noch dem Volk angehörten, aus dem die Alte, die sie so unfreundlich abgewiesen hatte, stammte? Aber von dieser Seite des Ufers war das wohl kaum in Erfahrung zu bringen. Sollte sie lieber bis zum Morgen warten? Was, wenn die dort drüben bereits am frühen Morgen aufbrächen und sie keine Gelegenheit mehr hätte, sich bemerkbar zu machen?

Amintha scheute sich vor dem Gedanken, nachts über den Fluss zu schwimmen? Sollte sie das wirklich wagen? Nur zu gut erinnerte sie sich daran, wie ihr Boot gekentert war und sie fast ertrunken wäre. Die Strömung würde sie außerdem mit sich fortreißen, sie würde, wenn sie hier ins Wasser ginge, viel weiter flussabwärts landen als dort, wo das Feuer brannte.

Unentschlossen hockte sie sich auf einen Baumstamm. Und wenn sie einfach nur weiterginge? Würde sie auf dieser Seite des Flusse nicht auch irgendwann auf andere Menschen stoßen? Aber als sie sich ein gutes Stück vorwärts gekämpft hatte und das Licht am jenseitigen Ufer immer kleiner wurde, wuchs ihre Sehnsucht nach menschlicher Nähe doch so sehr, dass sie schließlich ins kühle dunkle Wasser watete und mit aller Kraft die starke Strömung durchquerte.

Wie erwartet wurde sie ein gutes Stück flussabwärts getragen, aber nicht allzu weit entfernt von dem flackernden Licht bekam sie wieder festen Boden unter die Füße. Sie entstieg dem Fluss am Ende einer langen sandigen Bucht. Im Mondlicht konnte sie nun mehrere große Kähne erkennen, die ans Ufer gezogen worden waren. Das Feuer war gar nicht so klein, wie es vom anderen Ufer aus den Anschein gehabt hatte. Eine Reihe von Gestalten hockte um die tanzenden Flammen, und verlockender Bratenduft stieg Amintha in die Nase. Die Kälte der Nacht hatte sich in ihrem nassen Kleid verfangen. Bibbernd und zitternd schlich sie behutsam näher an die Gruppe heran. Sollte sie sich bemerkbar machen? Oder sollte sie sich hinter den Booten verstecken und bis zum Morgen warten?

Scharfes Bellen und ein bedrohliches Knurren riss Amintha aus ihren Überlegungen. Ein dunkler Schatten kam auf sie zugestürzt. Ein nicht mehr zurückzuhaltender kurzer Schreckensschrei entfuhr ihr, und sie blieb stocksteif stehen. Ein großer Hund war bis auf wenige Schritte an sie herangekommen und knurrte sie weiter mit gesträubten Nackenhaaren an. Ihm folgten einige Gestalten, von denen eine einen gespannten Bogen in der Hand hielt. Ein anderer hatte einen brennenden Scheit aus dem Feuer gerissen und leuchtete damit ins Dunkle.

„Helft mir bitte“, stotterte Amintha. „Ich bin allein und brauche Hilfe!“

Die Männer sprachen untereinander in einer unverständlichen Sprache, die aber ganz anders klang als die der feindseligen Leute, die sie an

der Weiterreise gehindert hatten. Als die Männer erkannt hatten, dass Amintha nur ein junges Mädchen und zudem ganz allein war, riefen sie den Hund zurück und winkten sie zu sich ans Feuer. Dankbar genoss Amintha die belebende Wärme der Flammen und fiel mit Heißhunger über ein saftiges Stück Fleisch her, das einer der Männer ihr reichte.
Acht Personen, sechs Männer und zwei Jungen in ihrem Alter hatten hier am Ufer des Flusses ihr Nachtlager aufgeschlagen. Sie sahen eigentümlich fremdartig aus, denn sie trugen kurze Hemden, und ihre Beine steckten in merkwürdigen langen Stoffröhren, während Männer doch normalerweise lange Kittel unter ihren Umhängen trugen. Ihre langen Haare hatten die Männer an der Seite des Kopfes zu einem Knoten zusammengeflochten. Fast alle hatten helle Haare, nur ein älterer Mann war weißhaarig. Er schien der Anführer zu sein und beobachtete schweigend, wie sich Amintha an dem Fleisch labte.
Kaum hatte sie den leckeren Braten verzehrt, wurde ihr weiteres Fleisch angeboten, aber sie lehnte dankend ab. Zwar konnten die Leute nicht verstehen, was sie sagte, aber sie schienen zu merken, wie froh und dankbar Amintha war, in ihr Lager aufgenommen worden zu sein. Plötzlich hörte sie in dem fremden Stimmengemurmel vertraute Töne. Es war der Alte, der das Wort an sie richtete.
„Wer Du sein?“, fragte er mit einer sehr merkwürdigen Aussprache, die Amintha aber gut verstehen konnte.
„Ich bin Amintha von Panwati, Tochter des Fürsten Astis.“
„Und ich bin Halfgar, Oberhaupt der Bernsteinhändler.“
Amintha starrte den Mann erschrocken an. Die Bernsteinhändler! Wurde ihnen nicht von dem ungastlichen, rachsüchtigen Volk nur ein wenig weiter flussabwärts aufgelauert? Schon morgen würden sie in ihr Verderben fahren! Aufgeregt richtete Amintha das Wort an den Anführer:
„Oh Halfgar, höre auf meinen Rat!“, rief sie erregt. „Fahrt keinesfalls weiter auf dem Fluss! Ihr sollt alle getötet und eure Schätze sollen geraubt werden! Kehrt um, solange noch Zeit ist!“
Erstaunt blickte der Alte sie an. Dann übersetzte er ihre Worte für die anderen Männer, worauf sich ein lebhaftes Stimmengewirr erhob.
„Woher du weißt das?“, fragte Halfgar schließlich.
Nun berichtete Amintha, was sie in ihrem Gespräch mit der mürrischen Alten erfahren hatte. Sie sprach langsam, und oft musste sie einzelne

Sätze wiederholen, weil Halfgar ihre Sprache nur schlecht beherrschte. Zwischendurch übersetzte er ihre Worte immer wieder für seine Gefährten. Amintha erzählte auch vom Zweck ihrer Reise, was ihr vor zwei Tagen auf dem Fluss zugestoßen war und wie es dazu gekommen war, dass die Alte ihr den bevorstehenden Überfall verraten hatte. Halfgar stellte zwischendurch mehrmals Fragen. Als sie schließlich geendet hatte, begannen die Männer, in ihrer eigenen Sprache zu beraten, und schienen Amintha dabei völlig vergessen zu haben.
Die wohltuende Wärme des Feuers und das gute Essen hatten sie entspannt. Das Gemurmel der Männer in ihrer unverständlichen Sprache und das Knistern des Feuers kreisten träge durch Aminthas Kopf. Das Bild der vereinzelt aufsteigenden Funken und fröhlich tanzenden Flammen des Lagerfeuers verschwamm weich und wohlig langsam vor ihren Augen, die sie nur noch mit großer Mühe offenhalten konnte.
Plötzlich spürte sie, wie ihr eine dicke warme Decke um die Schultern gelegt wurde. Sie fuhr auf und sah hinter sich einen der beiden Jungen, der verlegen grinste und dann auf einen Haufen Felle deutete, die in geringer Entfernung unter einem aufgespannten Lederdach ausgebreitet waren. Erleichtert legte sie sich dort in einem Winkel nieder und tauchte ein in einen wohltuend tiefen und festen Schlaf.

8

Als Amintha am nächsten Morgen ausgeruht erwachte, waren die Männer bereits dabei, ihre Lastkähne zu beladen. Wollten sie also doch weiter den Fluss hinunterfahren? Hatten sie ihre eindringliche Warnung nicht ernst genommen? Sie sah Halfgar auf sich zukommen, der nur darauf gewartet zu haben schien, dass sie aufwachte. Wie rücksichtsvoll von diesen Männern, sie schlafen zu lassen!
„Nun, du wieder ganz bei Kräften?“, fragte der Anführer.
„Ja, ich danke euch sehr für eure Gastfreundschaft. Aber ihr solltet wirklich nicht weiterfahren. Es ist gefährlich und....“
„Das wir auch nicht tun“, unterbrach Halfgar Amintha. „Wir zurück

zu anderem Volk, dort Pferde kaufen und anderes Weg nehmen."
„Oh, das ist gut! Aber werdet ihr denn auf dem anderen Weg weiter nach Süden reisen können? Und darf ich bei euch bleiben?"
„Wir erst gehen lange Tage nach Osten. Dann kommt neues Fluss das fließt nach Süden und trifft wieder auf Mutter aller Flüsse. Du mitkommen, solange du willst. Botin von Göttern nur uns kann bringen Glück!"
Amintha erinnerte sich an die Weisung des alten Magiers, dass sie die Reise zum Sonnengott alleine durchführen musste und sich nach Möglichkeit nicht aufhalten lassen sollte. Aber wenn die Bernsteinhändler doch in die gleiche Richtung reisten, wäre es dann nicht die beste Möglichkeit für sie, weiterzukommen? Sie war so froh, auf diese freundlichen Menschen getroffen zu sein. Dankbar lächelte sie Halfgar an.
„Sehr gerne werde ich bei euch bleiben. Und wenn ich deinen Leuten helfen kann, musst du es mir nur sagen."
Halfgar lachte leise, strich ihr kurz über das Haar und wandte sich dann wieder seinen Männern zu. Inzwischen waren die drei Kähne fertig beladen worden. Es stieg aber jeweils nur ein Mann hinein, der mit einer langen Stange das Boot vorwärtsstaken konnte. Die anderen liefen am Ufer entlang und zogen an langen Stricken, an denen die Kähne befestigt waren, die schwere Fracht flussaufwärts. Bei der starken Strömung war das gar nicht so einfach, zumal der Ufersaum dicht bewachsen war. Einer der Jungen war mit einem Beil bewaffnet, lief voraus und schlug den Weg versperrende Ranken und Zweige ab. Amintha beschloss, ihm zu helfen. Es war der gleiche Junge, der ihr am Abend zuvor die Decke gebracht hatte. Er grinste sie freundlich an, deutete dann auf sich und sagte „Gerulf".
„Und ich heiße Amintha", antwortete sie. Im Lauf des Vormittags lernte sie von Gerulf die Namen seiner Gefährten, sie lernte die Namen für „Boot", „Seil", „Fluss", „Hund", „Schwert", „Baum" und noch jede Menge mehr. Sie versuchte, Gerulf diese Namen in ihrer eigenen Sprache beizubringen, aber der lachte nur und sprach die Namen dann so merkwürdig aus, dass sie sie kaum wiedererkannte.
Es war eine mühevolle Arbeit, die schweren Kähne flussaufwärts zu ziehen. Manchmal nutzten sie einen Seitenarm, in dem die Strömung nur gering war, dann konnten alle an Bord kommen und die Boote durch

Paddel vorwärts bewegen. Aber oft half nur das Ziehen. Am frühen Abend machten sie schließlich Rast und schlugen ihr Lager an der Mündung eines kleinen Flusslaufes auf. Halfgar und ein weiterer Mann verabschiedeten sich von ihren Gefährten und folgten einem kaum sichtbaren Pfad entlang dieses Gewässers. Erst am nächsten Mittag kamen sie in Begleitung einer Gruppe Männer zurück, die sechs kleine stämmige Pferde mit sich führten. Nun begann eine lange Verhandlung.
Aus einem weiß gegerbten Ledersäckchen nestelte Halfgar einige wie Honig glänzende Steine hervor. Als Amintha neugierig näher trat sah sie, dass dies keine gewöhnlichen Steine, sondern Bernstein, das Gold des Nordmeeres, war. Sie hatte solchen Schmuck schon öfter gesehen, denn als die Zeiten noch besser gewesen waren, waren oft fremde Händler nach Panwati gekommen. Unter ihren Waren war Bernstein besonders begehrt gewesen. Auch die Mutter von Amintha hatte eine Halskette besessen, auf die solche Steine aufgefädelt waren. Aber man hatte sie ihr zusammen mit dem übrigen kostbaren Schmuck mit ins Grab gegeben, denn sie sollte sie ja auch in der jenseitigen Welt, in die sie nach ihrem Tode reisen würde, tragen können.
Nur mit Mühe konnte Amintha ihre Tränen zurückhalten, als sie sich an den Tag erinnerte, an dem ihre Mutter gestorben war. Mehr denn je vermisste sie in diesem Moment ihre Mutter, deren Liebe und hilfreichen Ratschläge. Ob sie den Vater und die Brüder, ihre Freundin Feha und die anderen Menschen ihres Volkes wohl jemals wiedersehen würde? Immer öfter hegte sie Zweifel daran, auch wenn ihr die Magier versichert hatten, dass sie nach Hause zurückkehren würde. Der Schmerz des Heimwehs wurde auf einmal so übermächtig, dass sie den Tag, an dem sie für diese lange und gefährliche Reise ausgewählt worden war, am liebsten verfluchen wollte! Und doch erinnerte sie der Schmerz auch an den Hunger, den sie und ihr Volk in den letzten Jahren immer wieder gelitten hatten. War er nicht noch um vieles schlimmer als ihr Heimweh? Hatte sie das Recht, jetzt nur an sich zu denken, nachdem sie sich so sehr gewünscht hatte, diese verantwortungsvolle Aufgabe für ihr Volk übernehmen zu dürfen? Ärger stieg in Amintha hoch. Ärger über ihr Selbstmitleid, dem sie sich fast kampflos ergeben hatte. Verlegen wandte sie sich ab und ging hinunter zum Flussufer, damit keiner ihre Tränen sehen konnte.

Inzwischen hatten Halfgar und die Fremden ihre Geschäfte beendet. Die Fremden schienen mit dem Gold des Nordmeeres zufrieden zu sein, das Halfgar ihnen für die Pferde gegeben hatte. Außerdem bekamen sie ja auch die Boote der Händler. Sie banden sie los und stakten mit ihnen den Nebenfluss hinauf. Nur einer der Männer, er sollte den Bernsteinhändlern als Führer dienen, blieb zurück.
Alles Gepäck musste nun auf die Pferde verladen werden. Zum Glück transportieren die Händler ihre Habe in großen Ledersäcken, die leicht auf dem Rücken der Tiere befestigt werden konnten.
Der Führer lief voran, ihm folgten Halfgar und die übrigen Männer mit den Tragtieren. Immer weiter entfernten sie sich vom Fluss und hielten grob die Richtung gen Osten ein. Oft gab es keine ausgetretenen Pfade, aber zwischen dichten Waldzonen stießen sie immer wieder auf weite Ebenen, die mit hohem Gras und Gestrüpp bewachsen waren und auf denen hier und da Viehherden weideten.
Mehrere Tage wanderten sie nach Osten und trafen gelegentlich auf kleinere Dörfer, in denen sie durchweg freundlich willkommen geheißen wurden. Mehrmals wurde die Reisegruppe gebeten, doch mehrere Tage am Ort zu bleiben, aber Halfgar drängte weiter, denn noch vor Einbruch des Winters wollten die Händler wieder in ihre Heimat zurückkehren. Mit ihren begehrten Bernsteinstücken konnten Halfgars Männer überall ausreichend Vorräte erwerben und wurden allerorts gut bewirtet.
Amintha begann Freude an dieser Art des Reisens zu finden. Gerulf und Haro, die beiden Jungen, waren nette Kerle, vor allem Gerulf kümmerte sich sehr um sie. Wenn er nur nicht so komisch ausgesehen hätte mit seinem hellen Haar und der merkwürdigen Frisur! Inzwischen hatte sie schon eine ganze Menge Worte in der fremden Sprache gelernt und verstand immer mehr von dem, was die Männer untereinander besprachen. Nur wenn Amintha selber die Worte anwenden wollte, mussten die anderen oft lachen, denn es war gar nicht so einfach, sie richtig auszusprechen.
Schließlich kam der Tag, an dem sie den Fluss vor sich sahen, zu dem sie mit den Pferden aufgebrochen waren. Er war zwar nicht so breit wie die Mutter aller Flüsse, aber doch wesentlich größer als der Fluss, auf dem Amintha ihre Reise begonnen hatte. Er floss in Richtung Süden und

sollte, so erklärte der Führer den Männern, nach wenigen Tagereisen in die Mutter aller Flüsse münden. In einem weiteren Tauschgeschäft erhandelte Halfgar gegen die Pferde wieder Boote, und die Reise konnte auf dem Wasserweg fortgesetzt werden.

Amintha hatte die fremde Sprache inzwischen so weit gelernt, dass sie sich über einfache Dinge auch ohne Halfgars Hilfe mit den Männern verständigen konnte. Gleichzeitig hatte sie auch einiges über ihre Reisegefährten in Erfahrung gebracht. Sie stammten aus einem Land weit im Norden an der Küste eines großen Meeres. Nur ihr Volk wusste, wo das Gold des Nordmeeres zu finden war oder wie man danach graben musste. Schon seit Menschengedenken waren mutige Männer aus ihrem Land aufgebrochen, um diesen Reichtum gegen andere Waren einzutauschen. Wo immer es möglich war, befuhren diese Händler die Flüsse, aber sie scheuten sich auch nicht, unwegsame Wälder zu durchqueren oder Gebirge zu überwinden.

Je weiter sie von ihrer Heimat entfernt waren, umso mehr wurde ihnen für den Bernstein angeboten. Auf der langen Reise in die südlichen Länder tauschten sie ihre Schätze vor allem gegen Gold ein. Gold war sehr wertvoll und außerdem leicht zu transportieren, leichter jedenfalls als andere Waren wie Getreide, Stoffe oder Viehherden. Erst auf dem Rückweg in ihre Heimat, wenn sie, wie Halfgar erzählte, eine hohe Bergkette wieder überschritten hatten und auf Flüssen gen Norden bis in ihre Stammesgebiete weiterreisen konnten, tauschten sie das Gold gegen das ein, was sie eigentlich brauchten. Das waren vor allem Kupfer und Zinn, denn diese Metalle, aus denen fast alle Waffen und Geräte hergestellt werden konnten, gab es in ihrer Heimat nicht. Von Generation zu Generation wurde die Kenntnis der Routen, denen sie auf ihren langen Reisen folgten, weitergegeben. Gerulf und Harro durften zum ersten Mal an einer solchen Fahrt teilnehmen und lernten von den älteren Männern, auf welche Wegmarkierungen zu achten war.

Führer wie Halfgar kannten die Orte, in denen die besten Handelsgeschäfte gemacht werden konnten. Sie lernten im Lauf ihres Lebens viele unterschiedliche Sprachen, so dass sie sich nahezu überall gut verständlich machen konnten. Und sie waren allerorts gern gesehene Gäste, wusste man doch, dass es nur von Vorteil sein konnte, Waren aus fernen Gegenden zu beziehen. Amintha erinnerte sich noch sehr gut daran, wie

zuvorkommend früher Händler auch in ihrer Heimat behandelt worden waren. Aber in den letzten Jahren waren immer weniger Fremde gekommen, denn die schlechten Ernten hatten dazu geführt, dass es nur noch wenig gab, was man hätte eintauschen können.
Wie Halfgar abends am Lagerfeuer berichtete, kam es nur selten vor, dass Händler überfallen und ihrer Waren beraubt wurden. Aber das Volk, dem Amintha nach ihrem Bootsunfall in die Arme gelaufen war, hatte schon seit längerer Zeit einen schlechten Ruf. Die Leute galten als Flusspiraten und wurden, so erzählte ihnen auch ihr Führer, der sie mit den Pferden begeleitet hatte, sogar von den direkten Nachbarn gemieden. Deshalb war Halfgar nicht allzu erstaunt gewesen, als Amintha ihn vor der Weiterreise gewarnt hatte. Es war zwar lästig, diesen Umweg machen zu müssen, aber diese Verzögerung brachte wenigstens keine Einbußen für ihre Geschäfte.
Die nächste größere Handelsstation, die die Männer aufsuchen wollten, lag etwa dort, wo der Fluss, den sie jetzt befuhren, wieder auf die Mutter aller Flüsse treffen würde. Und so alt Halfgar auch schon war, immer war er bestrebt, Neues zu entdecken und dazuzulernen. Die Möglichkeit, eine neue Route und neue Handelsorte kennenzulernen, die dieser Umweg nach Osten mit sich gebracht hatte, war ihm im Nachhinein gar nicht so unlieb gewesen.

9

Endlich war es soweit. Sie hatten den Ort erreicht, an dem Halfgar einen guten Teil seiner Ware gegen Gold eintauschen wollte. Schon von Weitem war eine lang gestreckte Erhebung in der breiten Schwemmlandzone, in der der Fluss, den sie nun befuhren, wieder in die Mutter aller Flüsse münden sollte, zu erkennen. Am Rand dieser Hochebene lag Tehia, die große Siedlung, in der Halfgar Station machen wollte.
Am Flussufer waren eine Menge kleinerer und größerer Boote vertäut. Geschickt steuerten die Händler aus der Strömung ans Ufer und zogen ihre Kähne auf den breiten Sandstreifen. Einige Männer und ein Haufen

Kinder, die halbnackt am Ufersaum gespielt hatten, liefen zusammen und musterten die Ankömmlinge mit ihrer fremdartigen Haartracht und Kleidung. Aber sie halfen bereitwillig dabei, die Boote auszuladen, und schließlich stiegen die Händler, gefolgt von einem Schwarm Kinder, den steilen Hang hinauf, der auf das Hochplateau führte.
Von hier oben hatte man einen herrlichen Blick über die Flusslandschaft. Flankiert von breiten Auwäldern zog der Strom dahin. Ganz im Süden konnte man auch erkennen, wo er sich wieder mit der Mutter aller Flüsse vereinigte.
Der steile Abhang zur Flussniederung stellte einen natürlichen Schutz gegen Angriffe von dieser Seite dar. Zur Landseite hin war die Siedlung durch einen tiefen Graben und eine Palisadenwand geschützt. Über eine Brücke erreichten sie das Tor, vor dem der Torhüter sie eine Weile warten ließ. Aber dann kam ein bärtiger Mann mit ausgestreckten Armen auf Halfgar zu, begrüßte ihn herzlich in einer für Amintha erneut fremden Sprache und geleitete die ganze Gruppe ins Innere der Siedlung. Hier stand Haus neben Haus und überall liefen Menschen herum. Amintha hatte noch nie so schön verzierte Häuser gesehen, denn die Lehmwände waren weiß getüncht und mit bunten Mustern bemalt.
Ihr Führer geleitete sie zu einem der Häuser, das ihnen während ihres Aufenthalts zur Verfügung gestellt wurde. Nach all den Tagen, die sie unter freiem Himmel zugebracht hatte, genoss Amintha den Luxus dieses Hauses, das alles enthielt, was sie brauchten: eine Herdstelle, Geschirr, auf den Bänken längs der Wände weiche Decken und unter dem Hausboden sogar einen Kellerraum, in dem sie ihre Waren verstauen konnten und der durch einen massiven Holzdeckel verschließbar war.
Die Bewohner, mit denen sie sich leider nur durch Zeichen verständigen konnte, denn nur Halfgar und ein anderer der Männer beherrschten deren Sprache, waren sehr freundlich, brachten ihnen Essen und luden sie auch in ihre eigenen Häuser ein. Amintha bewunderte die schönen Gewänder der Mädchen und Frauen, die mit den gleichen Mustern verziert waren, in denen man auch die Häuser bemalt hatte. Plötzlich schämte sie sich ihres schmutzigen und an einigen Stellen zerrissenen Kleides, welches aber das einzige war, was ihr nach dem Kentern des Kanus geblieben war. Es passte so gar nicht zu ihrem kostbaren Diadem, das schnell die Aufmerksamkeit nicht nur der Mädchen und Frauen auf sich zog.

Die Händler wurden am nächsten Morgen zu dem Stammesführer geleitet und durften vor seinem stattlichen Haus ihren herrlichen Bernsteinschmuck ausbreiten. Eine dichte Menschenmenge umstand sie und bewunderte die in der Sonne glänzenden Steine. Den ganzen Tag über wurde verhandelt und gefeilscht, und als die Männer am späten Nachmittag ins Gästehaus zurückkehrten, machten alle recht zufriedene Gesichter.

Amintha hatte einen Teil des Tages damit verbracht, ein gutes Essen zuzubereiten, hatte kleine Fische gebraten, Gemüse gedünstet und Brotfladen gebacken. Nie hätte sie gedacht, dass es ihr so viel Spaß machen würde, im Haus zu wirtschaften, aber nach den langen Wochen an primitiven Lagerfeuern war es ein Vergnügen, den Männern in einem Haus ein schönes Essen servieren zu können.

Nach dem Essen nahm Halfgar sie beiseite. „Amintha, ich danke dir für dieses gute Mahl. Es ist ein angenehmer Abschluss eines erfolgreichen Tages. Offenbar hast du uns Glück gebracht, denn die Geschäfte sind besonders gut gelaufen. Und deshalb sollst auch du an unserem Erfolg teilhaben." Damit winkte Halfgar Haro herbei, der ihm ein flaches Bündel reichte. Halfgar schnürte es auf und nahm ein wunderschönes, reich besticktes Kleid heraus, genau so geschnitten, wie die Kleider der Frauen von Tehia, aber weit herrlicher verziert.

„Morgen Abend wird für uns ein Fest gegeben. Dann wirst du in diesem Kleid Ehre für uns einlegen." Er machte eine kurze Pause. „Eigentlich ist es sehr schade, dass du nicht für immer bei uns bleiben kannst. Gerne hätte ich eine Tochter wie dich, und einen stattlichen Mann würden wir für dich mit Sicherheit schnell finden."

Amintha wurde ganz verlegen vor lauter Freude. Immer wieder musste sie über den weichen Stoff streichen und das Kleid bewundern. Am liebsten hätte sie es gleich angezogen, aber sie beherrschte sich, obwohl sie den kommenden Morgen kaum erwarten konnte.

Der nächste Tag begann mit einer Einladung zu einem Jagdausflug für die Männer. Die Gegend war sehr wildreich, und für das abendliche Fest sollte genügend Fleisch zur Verfügung stehen. Amintha beschloss, sich für den Abend fein zu machen. Sie lief den steilen Weg hinunter zum Flussufer und suchte sich eine Stelle, wo sie ungestört war. Dann

wusch sie sich sorgfältig und verbrachte lang Zeit damit, ihre Haare in viele kleine Zöpfe zu flechten. Auch das alte Kleid, das sie am Abend mit viel Mühe geflickt hatte, wurde gewaschen und zum Trocknen über einen Busch gehängt. Wie herrlich sie sich in dem neuen Kleid fühlte! Es hing in weichen Falten an ihrem Körper herab und konnte in der Taille mit einem bunten gewebten Gürtel zusammengehalten werden.
Erfrischt und zufrieden kehrte sie in die Siedlung zurück und genoss die Bewunderung der Frauen und Mädchen, die ihr – wenn auch leider nicht verständliche – Komplimente zu ihrem Aussehen machten.
Am Abend wurden auf dem Platz vor dem Haus des Häuptlings mehrere Wildschweine gebraten und von den Frauen, die alle ihren schönsten Schmuck und ihre besten Gewänder angelegt hatten, serviert. In feinen Bechern wurde dazu eine dunkelrote Flüssigkeit gereicht. Vorsichtig nippte Amintha daran. Es schmeckte gut, aber anders als alles, was sie bisher gekostet hatte. Offenbar war das Getränk mit Honig und Gewürzen gemischt. Erfreut nahm sie einen größeren Schluck.
„Trink nicht zu viel davon“, flüsterte ihr Gerulf, der neben ihr saß, zu. „Das ist Wein, ein kostbares, aber berauschendes Getränk. Wer zuviel davon genießt, fängt an zu taumeln und weiß auch nicht mehr, was er redet.“
Amintha hatte nur halb verstanden, was der Junge ihr sagen wollte, denn so gut konnte sie seine Sprache einfach noch nicht. Nur, dass es irgendetwas mit diesem Getränk zu tun hatte, diesem „Wein“, wie er es genannt hatte. Fröhlich aß und trank sie weiter. Als später die Frauen, begleitet vom rhythmischen Klatschen, anfingen zu tanzen, kribbelte es ihr in den Beinen. Nur zu gerne hätte sie mitgemacht! Es dauerte zum Glück gar nicht lange, das sich der Zug der hintereinander aufgereihten Tänzerinnen auf sie zu bewegte und sie unmissverständlich aufforderte, sich einzureihen.
Die Tanzschritte waren nicht sehr schwer nachzuahmen, und bald wirbelte Amintha mit den übrigen jungen Mädchen über den Platz. Sie fühlte sich so leicht wie noch nie, sie hätte ewig so weitertanzen können, wenn ihr nur nicht so schwindlig wäre, wenn sich nur nicht alles so drehte und ....
Harro und Gerulf, die schon genügend Erfahrung mit Wein gemacht hatten, hatten Amintha nicht aus den Augen gelassen. Als sie stolper-

te, konnte Harro sie gerade noch rechtzeitig auffangen. Breit grinsend führten die Jungen die Taumelnde zu ihrem Haus, wobei sie mehrmals am Boden hingestreckten Körpern ausweichen mussten, denn Amintha war nicht die einzige, die dem berauschenden Getränk zu ausgiebig zugesprochen hatte.

10

Mit Sonnenaufgang des nächsten Tages wollten die Bernsteinhändler aufbrechen. Daraus wurde jedoch nichts, denn Amintha war nicht die einzige, die die Folgen des ungewohnten Weingenusses zu spüren bekam. Fast allen, die am Vorabend ausgelassen gefeiert hatten, brummte der Kopf, und nur mühsam brachten sie ihre schweren Glieder in Schwung. Das Zusammenpacken und Beladen der Boote ging daher viel langsamer vor sich als gewöhnlich.

Amintha konnte sich nur noch bruchstückhaft an das Geschehen während des Festes erinnern. Wie sie auf ihr Lager gelangt war, wusste sie überhaupt nicht mehr. Auch sie hatte heftige Kopfschmerzen, und beim Gedanken an Essen wurde ihr sofort übel. Aber über die Folgen ungezügelten Weingenusses hatte sie wenigstens dazu gelernt. Wenn sie künftig nochmals Wein angeboten bekäme, wollte sie entsprechend vorsichtig sein. Aber herrlich war der vergangene Abend trotzdem gewesen!

Es war bereits Mittagszeit, als die Boote endlich ins Wasser geschoben wurden. Noch heute wollten die Bernsteinhändler wieder auf die Mutter aller Flüsse treffen, die sich am südlichen Rand des Hochplateaus mit ihrem Fluss vereinigte. Am Spätnachmittag erreichten sie ihr Ziel. Amintha schien es so, als sei die „Mutter“ inzwischen noch breiter und mächtiger geworden als an der Stelle, wo sie mit ihrem Kanu gekentert war. Sie bereute den gemachten Umweg längst nicht mehr. Hätte sie sonst wohl Halfgar und seine Leute kennengelernt? Und das schöne Kleid, das sie, auch wenn das Fest vorbei war, noch immer nicht gegen ihre alten Fetzen eintauschen wollte, hätte sie auch nicht bekommen.

Am Abend zogen die Reisenden die Boote wie üblich an den Strand.

Amintha beschloss zu fischen, lieh sich einen Angelhaken und lief auf der Suche nach einer geeigneten, ruhigen Stelle ein Stück stromaufwärts. Der Fluss hatte sich hier tief in die lehmige Böschung gegraben. Vom Steilufer aus warf sie die Fangleine ins Wasser und setzte sich auf die Kante. Wie schön es hier war! Und wie still! Außer den leise an die Böschung schwappenden Wellen war kein Geräusch zu hören. Es dauerte eine Weile bis sie ein röchelndes, nur schwer von den glucksenden Wellen zu unterscheidendes Stöhnen vernahm. Amintha, stutzte, legte die Angel weg und beugte sich vorsichtig über die Kante nach unten. Deutlich drang von da unten der mühsame Atem eines Lebewesens an ihr Ohr!
Vorsichtshalber zog sie den Dolch, den sie am Gürtel trug, und suchte eine Stelle, wo sie ans Ufer hinunterklettern konnte. Das Wasser hatte in die Lehmwand tiefe Klüfte gefräst. In einem solchen Spalt kletterte sie nach unten. Geschmeidig tastete sie sich im seichten Wasser an der Wand entlang und versuchte angestrengt herauszufinden, woher genau die Geräusche kamen. Dann hing ihr suchender Blick plötzlich fest an dem blutüberströmten bewusstlosen Mann, der dort halb auf einem Baumstamm, halb im Wasser lag und leise rasselnde Atemzüge ausstieß.

Nur einen kurzen Moment war Amintha vor Schreck wie erstarrt. Dann steckte sie das gezückte Messer zurück in die Scheide und bückte sich vorsichtig über den Fremden. Aus seiner Schulter ragte der abgebrochene Schaft eines Pfeils. An seiner Schläfe hatte er eine tiefe Wunde und Gesicht und Haare waren blutverschmiert. Obwohl der Mann bewusstlos war, klammerte er sich immer noch krampfhaft an einen Baumstamm, der von der Strömung gegen die Lehmwand gedrückt worden und in einer der Spalten hängen geblieben war.
Es war unmöglich für Amintha, den Fremden alleine ans Ufer zu ziehen. Sie ließ sich ins Wasser gleiten und schwamm mit hastigen und kraftvollen Zügen zum Lagerplatz zurück. Aufgeregt erzählte sie den Männern von ihrem Fund. Halfgar ließ sofort den kleinsten der Kähne flussaufwärts schieben. So erreichten sie den Verletzten ohne Schwierigkeiten, und gemeinsam zogen sie den verletzten Mann in das Boot.
Am Lagerplatz angekommen wurde der Mann bäuchlings neben die Feuerstelle gebettet. Halfgar schnitt die Kleidung um die Pfeilwunde auf. Das Fleisch war stark geschwollen und bereits bläulich verfärbt.

„Es ist viel zu gefährlich, die Spitze herauszuziehen. Der Pfeil muss schon einige Tage im Körper stecken, denn die Wunde ist bereits stark entzündet. Auch die Wunde an der Schläfe scheint nicht frisch zu sein. Wahrscheinlich ist der Mann überfallen worden, hat sich dann verletzt auf den im Wasser schwimmenden Baumstamm gerettet und ist flussabwärts getrieben worden. Ich glaube aber kaum, dass wir ihm noch helfen können. Wir wollen versuchen, ihn warm zu halten. Vielleicht wacht er auf, wenn sein Körper die Wärme zu spüren beginnt? Aber wahrscheinlicher ist wohl, dass er ins Totenreich reist, ohne noch einmal das Bewusstsein wiederzuerlangen."

Bedrückt umstanden sie den Verwundeten. Was war ihm zugestoßen? Wer hatte ihn so geschunden?

„Wenn die Wunden schon einige Tage alt sind und der Mann den Fluss hinuntergetrieben wurde, dann muss ihm dieses Unglück ein gutes Stück flussaufwärts zugestoßen sein", meinte einer der Männer.

Halfgar bückte sich, nahm einen brennenden Ast aus dem Feuer und beleuchtete damit den Unterarm des Mannes, den ein breites Armband zierte.

„Solche Armbänder habe ich schon einmal gesehen. Aber sie werden nicht von den Bewohnern dieser Gegend getragen, sondern von dem Volk, das einige Tagereisen nördlich von der Mutter aller Flüsse wohnt. Ihr werdet euch erinnern, Männer, wir waren dort auf unserer Reise zu Gast."

Die Schlussfolgerungen aus diesen Beobachtungen waren nur zu klar. Offenbar war der Verletzte allein oder mit Gefährten genau in den Hinterhalt geraten, der für die Leute aus dem Bernsteinland gedacht gewesen war.

„Das wäre uns auch passiert, wenn Amintha uns nicht gewarnt hätte", sagte Gerulf in das betretene Schweigen, das sich nach Halfgars Worten ausgebreitet hatte. „Wir wären wohl jetzt alle tot oder lägen an seiner Stelle hier!"

In dieser Nacht fand kaum einer der Gefährten Schlaf. Alle horchten auf den mühsamen Atem des Verletzten, dem sie so wenig helfen konnten. Sie hofften, er würde nochmals zu Bewusstsein gelangen, so dass sie Näheres erfahren könnten. Aber als der Morgen heraufdämmerte,

wurden die Pausen zwischen den rasselnden Atemzügen immer größer, dann war es ganz still.
Sie bestatteten den Fremden am Rande der Uferböschung. Dort würde sein Geist einen letzten weiten Blick über die Flussebene haben, bevor er sich auf die Reise ins Jenseits machte. Den Armring hatten sie dem Toten gelassen. In die Hand legte Halfgar ihm eine Bernsteinperle. Sie sollte die Geister des Totenreiches bei seiner Ankunft freundlich stimmen.
Es war leider nicht der letzte Tote, auf den sie stießen. An zwei weiteren Stellen entdeckten sie Leichen im Ufergestrüpp, nachdem die Berstein-händler mit Amintha ihre Reise den Fluss hinab wieder aufgenommen hatten. Beide waren Männer, beide hatten ähnliche Verletzungen und schienen bereits seit einigen Tagen tot zu sein. Einer von ihnen trug einen Ring ähnlich demjenigen, den der Verwundete am Arm gehabt hatte.
Nun gab es keinen Zweifel mehr. Eine ganze Gruppe von Reisenden musste auf dem Fluss überfallen und getötet worden sein.
Schweigend setzten sie ihre Fahrt fort. Die Leichen im Ufergestrüpp bestatteten sie nicht. Die Mutter aller Flüsse würde ihre Überreste ins Totenreich tragen, so wie sie schon unzählige andere, die auf ihr den Tod gefunden hatten, zur ewigen Ruhe geleitet hatte.

11

Von Tag zu Tag wurde Amintha deutlicher bewusst, was für ein Glück sie gehabt hatte, auf Halfgar und seine Begleiter gestoßen zu sein. Wie hätte sie sonst zum Beispiel die Stelle finden sollen, an der sie die Mutter aller Flüsse verlassen musste, um weiter nach Süden, in das Land des Sonnengottes vorzudringen?
Nur kurze Zeit nachdem sie die Leichen gefunden hatten, kamen sie an die Mündung eines großen Flusses, der sich von Süden kommend in die Mutter aller Flüsse ergoss. Ihm folgend stießen sie nach Kurzem auf eine größere Siedlung, in der Halfgar kein Unbekannter war. Wie-

derum wurden die Kähne gegen Lasttiere eingetauscht und die kleinen aber zähen Pferde mit den Gütern beladen. Dann zogen sie längs des Flusses immer weiter stromaufwärts. Anfänglich mussten sie größere Sumpfgebiete umgehen und wurden in der feuchten, heißen Luft durch unzählige Insekten geplagt. Aber Amintha gefiel die Hitze, war sie doch ein Zeichen dafür, dass sie sich allmählich den Gefilden des Sonnengottes näherten.
In einem Dorf tauschten sie einen Absud aus gepressten Pflanzen ein, der, auf die Haut aufgetragen, Menschen und Tieren wenigstens etwas Schutz vor den Stechfliegen bot. Alle waren erleichtert, als die Sumpfzonen endlich durchquert waren und sie in gebirgigere Regionen vorstießen. Hier warteten freilich andere Probleme auf die Reisenden. An manchen Stellen war das Flusstal so eng, dass es unmöglich war, am Ufer vorwärtszukommen. Dann mussten sie teilweise erhebliche Umwege über das Hochland in Kauf nehmen. Die einheimischen Führer behaupteten zwar, dass auf diese Weise auch so manche Flusswindung abgekürzt werden konnte, aber trotzdem hatte Amintha manchmal das Gefühl, sie würden nie wieder aus den dichten Wäldern herauskommen, die sie nach allen Richtungen einschlossen.
Es war zudem nicht ungefährlich, im Wald zu kampieren. Die Tragtiere, die sich ihr spärliches Futter zwischen den Stämmen suchen mussten, zogen Raubtiere an, sodass jede Nacht Wachen aufgestellt und mehrere Feuer in Gang gehalten werden mussten. Zweimal erlegten die Männer einen Luchs, und einmal vertrieben sie mit viel Geschrei und über dem Kopf gewirbelten Fackeln sogar einen Bären.
Die ununterbrochen geforderte Wachsamkeit und die damit verbundene pausenlose Anspannung der Männer begann sich auf die Stimmung der Reisenden auszuwirken. Immer öfter brachen Streitigkeiten aus, besonders wenn es darum ging, wer mit dem Wachdienst dran war. Amintha hatte sich mehrmals angeboten, Posten zu stehen, aber davon wollten die Männer nichts hören. Seitdem sie die Leichen auf dem Fluss entdeckt hatten, behandelten sie das junge Mädchen mit noch größerer Ehrfurcht. Sie glaubten, dass eine Gottheit sie damals in der Nacht zu ihnen gesandt hatte, um sie vor der Weiterfahrt auf dem Fluss zu warnen. Und sie waren der festen Überzeugung, dass ihnen nichts Böses zustoßen konnte, solange das Mädchen bei ihnen war. Dennoch sehnten

sich alle danach, endlich zu dem Fluss Axios zu kommen, der sie, wie Halfgar versicherte, zum südlichen Meer führen sollte.

Nach vielen Tagen erreichten sie bei Sonnenuntergang die Waldkante und sahen unter sich das Bett eines Flusses, der sich tief in die Felsenlandschaft eingegraben hatte. Er machte einen düsteren und reißenden Eindruck, aber Halfgar behauptete, er sei trotzdem schiffbar. Ihr Führer brachte sie am nächsten Tag in ein Dorf, in dem sie Boote kaufen konnten. Sie waren kleiner und schmaler als ihre früheren Kähne, so dass es nicht einfach war, alle Menschen und Waren unterzubringen. Halfgar überredete außerdem mehrere Dorfbewohner, ihnen als Führer zu dienen, denn die Stromschnellen waren sehr gefährlich und oft so versteckt, dass nur Bootsleute, die mit dem Fluss gut vertraut waren, ihnen rechtzeitig ausweichen konnten.

In rasender Fahrt ging es kurz darauf durch eine bizarre Felslandschaft. Amintha gewöhnte sich schnell an das Tempo und beobachtete fasziniert die hohen Felsen, von denen manchmal Wasserfälle ins Flusstal hinunterstürzten. Auch die anderen begannen die Fahrt mehr und mehr zu genießen. Besonders die beiden Jungen stießen jedes Mal laute Jauchzer aus, wenn sie beim Umschiffen einer Felsklippe von der Gischt bespritzt wurden.

Allmählich wurden die Berge flacher und das Flusstal breiter. Die Landschaft sah hier anders aus als nördlich der Berge. Nirgendwo waren mehr fette Weiden zu sehen. Ein trockenes, gelblich graues Buschland, in dem gelegentlich weidende Schafherden zu erkennen waren, erstreckte sich bis zum Horizont. Nur unmittelbar am Fluss hatte sich eine grüne Vegetation gehalten.

Die angeheuerten Führer aus dem Dorf waren inzwischen entlohnt und verabschiedet worden. Ohne deren Ortskenntnis war es nicht ganz einfach, sich zurechtzufinden. Der Strom teilte sich häufig in mehrere Arme, und nicht immer war anhand der Strömung zu erkennen, wo sich der Fahrweg befand. Halfgar war es aber nicht unlieb, dass sich so viele kleine Inseln im Flussbett befanden, denn er schlug lieber auf ihnen als am Ufer das Nachtlager auf. Die Hirten dieser Ebene galten als angriffslustig. Sie würden, so erzählte es zumindest Halfgar, nicht nur ständig versuchen, sich gegenseitig Vieh zu rauben, sondern sie schreckten auch nicht davor zurück, unbewaffnete Reisende auszuplündern.

An eine größere Gruppe wagten sie sich zwar nicht so leicht heran, aber auf jeden Fall war man auf einer Insel besser vor Diebstählen und überraschenden Angriffen geschützt.

Schließlich kam der Abend, an dem sich die Händler für die nächste wichtige Station auf ihrer Reise bereit machten. Am nächsten Tag würden sie Amydon, den Hauptsitz der Paionen erreichen. Und von dort, so hatte Gerulf Amintha aufgeregt erzählt, konnte man das Meer sehen. Das Meer, das so ganz anders sein sollte als alle Flüsse und Seen. Sein Wasser sollte angeblich salzig schmecken und es sollte Wellen geben, die so hoch wie Berggipfel wären. Amintha war gespannt, wie viel davon wirklich stimmen würde. Bei Gerulfs Erzählungen wusste man nämlich nie, wie viel davon seiner wilden Fantasie entsprungen war.

Auf einer lang gestreckten Insel hockten die Männer neben den auf den Sand gezogenen Booten, wuschen sich Haare, Bart und Kleidung und breiteten ihre Bernsteinschätze aus, um besonders schöne Stücke für die künftigen Tauschgeschäfte herauszusuchen. Amintha hatte sich ein wenig vom Lager entfernt, das schöne Kleid, das sie Halfgar verdankte, gewaschen und über ein Gebüsch zum Trocknen ausgebreitet. Ob man wohl schon etwas vom Meer spüren konnte? Der Fluss war ja hier schon fast so breit wie ein See, vielleicht war das Wasser ja tatsächlich schon salzig. Mit der hohlen Hand schöpfte sie etwas von der leicht modrig riechenden Flüssigkeit. Iiih – das Wasser schmeckte genauso wie es roch, aber von Salz war nichts zu spüren. Typisch Gerulf, dachte sie ärgerlich, wahrscheinlich hatte er sie nur auf den Arm nehmen wollen.

Früh am nächsten Morgen fuhren die Boote in einer langen Reihe flussabwärts. Noch breiter als zuvor dehnte sich das Gewässer hier in die Landschaft. Das westliche Ufer war kaum noch zu erkennen, während auf der östlichen Seite die Böschung allmählich steiler wurde.

Schon von Weitem konnten sie auf der Hochebene über dem Fluss eine Siedlung erkennen. Sie war durch einen hohen Lehmwall geschützt, von dem ein Weg hinunter zum Hafen führte, in dem zahlreiche Boote verankert lagen.

„Das ist die nördliche Grenzstation des Paionenreiches“, erklärte Halfgar. „Keiner kann hier ohne Kontrolle den Fluss passieren. Wir werden jetzt auf den Hafen zufahren. Damit die Paionen gleich merken, dass wir in friedlicher Absicht kommen, muss einer von uns aufstehen und die Arme ausbreiten. So erkennen sie, dass wir waffenlos sind und uns fast wie Zielscheiben präsentieren, was anrückende Feinde ja nie tun würden."

„Lass mich das machen", rief Amintha eifrig. „Wenn sie sehen, dass ich eine Frau bin und aus der Nähe auch noch mein Diadem erkennen, werden sie uns sicher passieren lassen."

Es war gar nicht so einfach, in dem wackligen Boot aufrecht zu stehen. Amintha beschlich ein klammes Gefühl als sich kurz darauf zwei lange Boote mit mindestens 10 Ruderern vom Ufer lösten und auf sie zuschossen. Die Bootsbesatzungen waren braun gebrannt und hatten ihre langen dunklen Haare mit einem Band nach hinten gebunden. Ihre einzige Bekleidung waren kurze Röcke, die mit breiten Ledergürteln an der Taille zusammengehalten wurden. Bewaffnet waren sie mit Schwertern, Bögen und Speeren.

Die Langboote eskortierten die Kähne der Händler ans Ufer. Dort standen noch mehr Bewaffnete, die die Ankömmlinge und vor allem Amintha neugierig anstarrten. Auch dieses Mal war Halfgar in der Lage, sich mit den Einheimischen in deren Sprache zu verständigen und den Zweck seiner Reise zu erklären. Schon nach kurzer Zeit durften sie, wiederum eskortiert von den Langbooten, ihre Fahrt fortsetzen.

„Nun werden wir bald Amydon erreichen", erklärte Halfgar. „Ihr könnt es schon sehen, dort drüben, der mächtige Hügel, der das Ufer überragt."

Wenig später landeten sie im Hafen. Aber auch jetzt wichen ihnen die Krieger nicht von der Seite. Sie winkten einige Leute herbei, die ihnen halfen, die Boote zu entladen und ihr Gepäck zu tragen. Ihr Weg führte die Männer eine breite Straße entlang, die zu einem Tor in einer mächtigen Lehmmauer führte. Das Tor war durch Bewaffnete gesichert, die die Händler und ihre Eskorte anstandslos passieren ließen. Im Inneren der Befestigung führte die Straße steil zwischen eng nebeneinander stehenden Häusern den Hang hinauf. Dann weitete sie sich zu einem großen Hof, an dessen Ende ein einzelnes größeres Gebäude stand.

Von hier oben hatte man einen ungehinderten Blick über die ganze Flusslandschaft. Amintha blickte zurück auf die Strecke, die sie heute gerudert waren, und drehte sich dann langsam in die andere Richtung.

Aber – wo war der Fluss geblieben? Vor ihren Augen dehnte sich eine unendliche Wasserfläche, die in endloser Ferne in den Himmel überzugehen schien.
„Na, glaubst du mir nun?“, hörte sie Gerulfs Stimme hinter sich. „Da siehst du es, das Meer, oder ‚Thalassa‘, wie es die Menschen hier nennen.

12

„Wo du den Herrn des Lichts finden wirst, kann ich dir nicht sagen“, meinte der Magier und musterte Amintha abschätzend.
Nachdem Halfgar seine Worte übersetzt hatte, fuhr sich Amintha enttäuscht durchs Haar. Da war sie nun am Meer des Südens angekommen, in dem Land, wo der Sonnengott leben sollte, und nun wussten noch nicht einmal die Magier der Paionen, wo er zu finden sein würde. Sollte denn ihre Reise ganz umsonst gewesen sein?
„Nein, wir kennen seinen Wohnsitz nicht, aber –“, hier machte der Magier eine Pause, „– wir wissen, wo du seinen Aufenthaltsort erfahren kannst.“
„Er weiß doch etwas!“, rief Halfgar aufgeregt. Und nun erfuhren die beiden Folgendes:
Einige Tagereisen südlich vom Land der Paionen sollte sich ein hoher Berg befinden, dessen Gipfel zumeist in den Wolken läge. Dies sei Olympos, der Thron der Götter, an dem sich die Überirdischen zu versammeln pflegten und von wo aus sie auf das Treiben der Menschenwelt herabblickten. Es sei den Irdischen jedoch unmöglich, dort mit einer Gottheit in Kontakt zu treten, aber die Magier, die auf dem Berg täglich Opfer darbrachten, würden sicher wissen, wie man den Sonnengott erreichen könne. Amintha bräuchte also nur auf dem Meer immer an der Küste entlangzufahren bis sie zu dem Berg der Götter käme. Dort würde man ihr schon weiterhelfen.

„Hoffentlich ist diese Mär auch den Bernsteinklumpen wert, den dieses Schlitzohr für seine Auskunft haben wollte“, brummte Halfgar, nach-

dem sie sich von dem Magier verabschiedet hatten und zu ihrem Quartier zurückgingen.
„Den Berg kenne ich übrigens, jedenfalls habe ich schon öfter davon gehört. Aber selber war ich noch nicht dort. Von hier aus reise ich immer nach Westen, um das Gebirge zu überqueren, bis ich wieder an eine Meeresküste komme. Von dort führt unser Weg über das Wasser noch weiter nach Westen. Dort stoßen wir dann auf eine Küste, die der Endpunkt unserer Reise ist, denn von dort geht es entlang der Küste wieder nach Norden. Wenn die kühle Jahreszeit einsetzt, erreichen wir dann endgültig Land und lassen das Meer hinter uns. Aber auch dann haben wir noch einen weiten Weg bis in die Heimat. So manches Mal war ich erst wieder auf heimischem Boden, als der erste Schnee fiel."
Bestürzt blieb Amintha stehen. „Ihr werdet also nicht weiter nach Süden reisen?"
„Nein, das geht leider nicht. Wir haben durch den Umweg wegen der Flusspiraten einige Zeit verloren. Ich muss die nördlichen Flüsse, die uns wieder nach Hause tragen sollen, erreichen, bevor sie zufrieren. Deshalb kann ich dich nicht weiter begleiten, so gerne ich es auch täte."
Inzwischen hatten sie das schöne große Lehmhaus erreicht, in dem sie untergebracht waren. Sofort wurde Halfgar mit Beschlag belegt, denn er war der einzige, der die Sprache der Paionen verstand, und es gab noch viel zu regeln, bevor die Händler ihre Geschäfte abgeschlossen hatten.
Amintha lief weiter, verließ die Befestigung durch das große Tor und ging außen an der Mauer entlang, bis sie zu einer Stelle kam, von der sie weit über das Meer blicken konnte. Hier setzte sie sich nieder und versuchte, die neue Situation zu überdenken.
Wie sollte sie ohne Halfgar und die anderen zurechtkommen? Längst hatte sie sich daran gewöhnt, dass sie alle Schwierigkeiten abgenommen bekam. Kein Wort konnte sie von dem verstehen, was die Paionen sprachen, und selbst wenn sie deren Sprache beherrscht hätte, wie sollte sie sich später erst mit den Magiern am Thron der Götter verständigen, die vielleicht wieder in einer ganz anderen Mundart sprachen? Und wie überhaupt dorthin gelangen? Es war doch wohl kaum möglich, mit einem der kleinen Flussboote auf dem Meer entlangzufahren. Selbst angenommen, sie würde den Berg Olympos erreichen, wäre sie dann

wirklich am Ziel oder würde man sie doch nur wieder weiterschicken, wer weiß, wohin!
Sollte sie einfach aufgeben? Einfach mit Halfgar und seinen Gefährten nach Norden zurückkehren. Möglicherweise würden sie in der Nähe ihrer Heimat vorbeikommen und sie könnte den Rest der Strecke dann alleine bewältigen.
Aber was sollte sie dann bei ihrer Rückkehr in Panwati erzählen? Sollte sie zugeben, dass sie ihre Aufgabe nicht erfüllt hatte? Würde nicht die Göttin von Panwati sie verfluchen und ins Unglück laufen lassen, wenn sie ihren Auftrag als Götterbotin nicht erfüllte?
Verzweifelt schlang Amintha die Arme um ihre angezogenen Knie und blickte nach Westen, wo der Sonnengott gerade seine Tagesreise beendete. Noch war die große rote Scheibe am Himmel zu sehen, bevor sie sich einige Augenblicke hinter den Bergen verbarg . Das rötliche Licht des Himmels spiegelte sich noch eine Weile in den fernen Wellen des Meeres, dann wurde es immer dunkler.

Es war schon sehr spät, als Amintha von dem Torwächter wieder ins Innere der Siedlung eingelassen wurde. Noch immer hatte sie keine Lösung gefunden. Sie wusste nur, dass sie nicht einfach nach Hause zurückkehren konnte. Sie musste und wollte ihre Fahrt fortsetzen!
In der Nacht fand sie kaum Ruhe. Es war drückend heiß, und das Schnarchen der Männer hinderte sie am Einschlafen. Bislang hatte es sie nie gestört, zeigte es doch, dass sie nicht allein war, sondern sich wohlbehütet unter Freunden befand. Nun aber machten diese vertrauten Geräusche sie wütend. Wie konnten die Gefährten nur so ruhig schlafen! War es ihnen denn völlig gleichgültig, was aus ihr wurde? Waren sie vielleicht sogar froh, sie loszuwerden? Wie dankbar waren sie damals gewesen, als Amintha sie vor den Flusspiraten gewarnt hatte! Aber ihr blöder Bernsteinhandel war ihnen eben wichtiger als alles andere. Hauptsache, die Geschäfte liefen erfolgreich!
Trotz mischte sich allmählich in ihre Wut. War ihr Ziel nicht vielleicht doch schon in erreichbare Nähe gerückt? Wollte sie nach all den vor Kälte durchzitterten Nächten, nach überstandenen Mückenplagen und anderen gemeisterten Unglücken jetzt wirklich aufgeben? Nein, sie würde es ihnen schon zeigen! Ihnen und diesen ganzen hochnäsigen

Magiern, die glaubten, so ein Mädchen wie sie würde alleine nicht zurechtkommen. Sie würde sich auch alleine durchbeißen! Gleich morgen früh würde sie einfach aufbrechen und an der Küste entlanglaufen, bis sie diesen blöden Berg, diesen Thron der Götter, erreicht hätte. Das wäre ja gelacht! „Ich werde es schon schaffen!“, flüsterte sie. „Ich bin schließlich die Tochter eines bedeutenden Herrschers und eine Botin der Götter!“

Als das erste Morgenlicht durch die Türöffnung drang, war sie sich jedoch nicht mehr so sicher, ob es wirklich eine so gute Idee sein würde, auf eigene Faust loszuziehen. Ihre Wut und ihr Trotz hatten sich über Nacht verflüchtigt, sie fühlte sich nur noch erschöpft.
„Eigentlich habe ich ein riesiges Glück gehabt, dass Halfgar und die anderen mich so lange mitgenommen und so viel für mich getan haben“, dachte sie bedrückt. „Es fällt ihnen sicher auch nicht leicht, mich jetzt verlassen zu müssen. Aber ich will nicht, dass sie merken, wie schwer es für mich wird. Ich werde so tun, als ob es für mich kein Problem wäre, alleine weiterzureisen. Ich werde jetzt wie immer für die Morgenmahlzeit sorgen und mir nichts von meinem Kummer anmerken lassen. Und dann werde ich mich verabschieden und losziehen.“
Leise stand sie auf, nahm den leeren Krug und ging zum Wasserholen. Als sie zum Haus zurückkam, sah sie Halfgar auf der schmalen Bank neben dem Eingang sitzen. Er betrachtete sie aufmerksam, und sie wurde vor Verlegenheit ganz rot im Gesicht. Ob sie immer noch verweint aussah? Nervös wandte sie sich ab und machte sich an den Vorräten zu schaffen.
„Amintha, zieh heute dein gutes Kleid an“, hörte sie Halfgars Stimme in ihrem Rücken. „Wir haben eine Audienz bei Pyraichmes, dem Fürsten der Paionen. Du wirst sehen, es gibt eine Möglichkeit, dass du dein Ziel erreichst.“

13

Die Sonne hatte den höchsten Punkt ihrer Bahn fast erreicht, als Halfgar und Amintha die Halle des Fürsten betreten durften, in dessen Mitte ein aromatisch duftendes Feuer brannte. Pyraichmes saß auf einem reich geschnitzten Thron an der Stirnwand des Saales, flankiert von zwei mit Schwertern bewaffneten Kriegern. Er trug ein mit Goldflitter besticktes Gewand und eine ebenso verzierte Kappe. Sein schwarzes mit Öl gesalbtes Haar hing ihm bis auf die Schultern. An den Seiten des Raumes befanden sich Bänke, auf denen seine Berater und Magier Platz genommen hatten, die Amintha neugierig musterten.
Halfgar legte die Hände auf die Brust und verbeugte sich tief vor dem Fürsten. Amintha, die etwas hinter ihm stand, folgte seinem Beispiel. Dann begann Halfgar in der Sprache der Paionen von der Aufgabe, die Amintha übertragen worden war, zu erzählen. Auch wenn sie kein einziges Wort des Gesagten verstand, hatte sie den Eindruck, dass alle Anwesenden die Geschichte bereits kannten. Offenbar hatte der Magier, mit dem sie sich unterhalten hatten, nichts Eiligeres zu tun gehabt, als alles weiterzuerzählen.
Als Halfgar geendet hatte, entstand eine Pause. Pyraichmes winkte einen jungen Mann herbei, der ein Tablett vor sich hertrug und sich zu Füßen des Herrschers niederließ. Pyraichmes sprach langsam wenige Worte worauf der Jüngling mit einem Holzstab auf dem Tablett unverständliche Bewegungen ausführte. Schließlich erhob er sich und ging mit seinem Tablett rückwärts zur Tür hinaus.
Nachdem Pyraichmes leise etwas zu Halfgar gesagt hatte, trat dieser vor den Fürsten, verbeugte sich tief und überreichte einen schneeweiß gegerbten Lederbeutel. Amintha wusste, was dieser Beutel enthielt: natürlich Bernstein. Halfgar hatte den Fürsten reich beschenkt, aber weshalb?
„Verbeuge dich und verlasse rückwärtsgehend den Raum", zischte Halfgar ihr zu. Erschrocken fuhr Amintha auf und wäre beim Rückwärtslaufen beinahe in die Feuerstelle gefallen, hätte sie Halfgar nicht noch gerade am Ärmel gepackt. Vor Verlegenheit begann sie zu schwitzen, aber kurz bevor sie die Tür erreichten, sah sie gerade noch das amüsierte Lächeln in Pyraichmes Gesicht. Offenbar warteten alle in der Thronhal-

le nur darauf, dass endlich mal einer ihrer Gäste in die Feuerstelle fiel!
„Was bedeutete denn das mit dem Jüngling und seinem Tablett?", fragte sie Halfgar, sobald sie außer Hörweite waren. „Und warum hast du Pyraichmes ein Geschenk gegeben?"
„Weil er dir ein sehr wirkungsvolles Zaubermittel überlassen wird. Warte bis zum Abend, mehr werde ich dir jetzt nicht verraten."

Gleich nach Einbruch der Dunkelheit kam der Jüngling, den sie in der Halle des Pyraichmes gesehen hatten, in ihr Quartier. In Händen hielt er ein flaches Holzschächtelchen, das er nun vorsichtig öffnete. Eingebettet in weiches Fell befand sich darin ein eckiger Fladen aus gebranntem Lehm.
„Sieht aus wie ein verbrannter Kuchen", flüsterte Gerulf, der neugierig über Aminthas Schulter linste. „So etwas würde sogar ich fertigbringen!"
Halfgar musterte den „Kuchen" und hielt ihn dann Amintha hin. „Hier hast du dein Zaubermittel", meinte er und schmunzelte über die skeptischen Gesichter, die ihn umgaben. „Seht ihr die Zeichen, die dort in den Ton geritzt sind? Das sind Zeichen, die jeder Magier und viele Berater der Fürsten und Herrscher in den Südländern deuten können. Und wisst ihr, was sie aus diesen Zeichen erfahren werden? Also, ich kann die Zeichen natürlich selber nicht verstehen, aber man hat mir gesagt, was dort eingraviert ist."
Er richtete sich feierlich auf, holte bedeutungsvoll Luft und deklamierte dann:
„Die Trägerin dieser Nachricht ist Amintha, die Botin der Götter. Ihre Aufgabe ist es, den Herrn des Lichts zu finden und darum zu bitten, die nördliche Welt mit seinem Glanz zu füllen. Tut den Willen der Götter, unterstützt sie in ihrer Mission. Zeigt ihr den Weg zum Sonnengott."
Fasziniert und voller Ehrfurcht blickten alle auf das Stück Ton mit den eingeritzten Zeichen und dann auf den jungen Mann, der dieses Zauberwerk hergestellt hatte. Er genoss die Bewunderung, die ihm zuteil wurde, und war zu Recht stolz auf seine Kunst, denn niemand außer ihm war im Land der Paionen in der Lage, solche Zeichen herzustellen. Der Sohn einer Sklavin aus einem der Paläste in den Ländern des Südens war schon als kleiner Junge wegen seines wachen Verstandes

aufgefallen und von den Magiern dazu bestimmt worden, die Schreibkunst zu lernen. Nach jahrelanger Ausbildung war er schließlich als wertvolles Geschenk an Pyraichmes übergeben worden, der ihn hoch in Ehren hielt.
„Ich kann das gar nicht so richtig glauben!“, rief Amintha. „Ist das wirklich erst heute Morgen eingeritzt worden? Der Ton ist doch ganz hart, da kann man doch nichts eintiefen.“
„Darum hat man uns die Zaubertafel ja auch erst jetzt übergeben. Du warst dabei, als der Jüngling die Worte des Fürsten Pyraichmes in der Halle in den Lehm eingeritzt hat. Dann musste die Tafel wie ein Tongefäß im Ofen gebrannt werden. Und nun sind die Zeichen unauslöschlich eingegraben und werden dir bei deiner Weiterreise den Weg ebnen.“
Der junge Schreiber wurde von Halfgar noch mit einem Geschenk bedacht und verabschiedete sich erfreut.

Es war der letzte Abend, bevor die Bernsteinhändler am Morgen in das westliche Gebirge aufbrechen wollten. Für Amintha hatte Halfgar die Mitfahrt auf einem Schiff arrangiert, das im Land der Paionen Getreide geladen hatte und nun nach Süden zurücksegeln würde.
Alle, besonders aber Gerulf und Haro, waren traurig, dass Amintha sie verlassen musste. Sie waren auf ihrer gemeinsamen Reise gute Freunde geworden. Halfgar war für sie wie ein Vater, ja, eigentlich hatte er sich väterlicher benommen, als es Astis, ihr richtiger Vater, jemals getan hatte!
Amintha versuchte, ihre Gefühle in der Sprache der Bernsteinleute auszudrücken, was ihr nur schlecht gelang:
„Halfgar, und ihr alle, ihr Freunde, ich weiß nicht, wie ich Dank sagen soll. Ihr seid so gut und ich bin sehr traurig, euch zu verlieren.“
Halfgar lächelte. „Auch wir sind traurig, Amintha, und nichts würden wir lieber tun, als dich immer bei uns zu behalten. Aber du hast deine Aufgabe, die du erfüllen musst, und auch wir müssen unsere Reise fortsetzen, um vor dem strengen Winter wieder bei unseren Familien zu sein. Wir wissen alle, dass unsere Frauen und Kinder vergeblich auf uns warten würden, wenn du uns nicht vor den Flusspiraten bewahrt hättest. Du hast uns unser kostbarstes Gut erhalten: unser eigenes Leben! Und darum sollst auch du das Kostbarste bekommen, was wir besitzen.“

Halfgar wandte sich zu Haro, der ein Kästchen in den Händen hielt. Er nahm den Deckel ab und hob vorsichtig eine in Tücher gehüllte Schale heraus, die aus einem riesigen Bernsteinbrocken geschnitzt worden sein musste. Amintha hatte gar nicht gewusst, dass es überhaupt so große Bernsteinrohlinge gab. Die Schale war hauchdünn, so dass man fast durch die rot schimmernde Wandung hindurchblicken konnte. Sie besaß zwei Henkel, die in Form von Schwänen geschnitzt waren. Die Schwanenkörper wuchsen aus der Schalenwandung hervor und die Köpfe endeten in einem eleganten Bogen auf dem Rand des Gefäßes. Die Schale war gefüllt mit kleinen Bersteinstückchen.
Voller Bewunderung betrachtet Amintha das kostbare Kleinod und traute sich kaum, es in die Hand zu nehmen.
„Halfgar, das kann ich nicht annehmen! So ein wunderbares Werk kann nicht für menschliche Wesen bestimmt sein, und schon gar nicht für mich!"
„Die Schale ist auch nicht für menschliche Wesen bestimmt", sagte Halfgar. „Aber die kleineren Bernsteinstücke sollen dir nutzen, falls du auf deinem weiteren Weg die Hilfe anderer benötigst und sie dafür belohnen möchtest."
Vorsichtig strich Amintha über die glatte Oberfläche der Schale. Plötzlich fiel ihr die Prophezeiung des Magiers in Panwati wieder ein: „Auf deinem Weg wirst du eine Kostbarkeit erhalten, die du dem Sonnengott als Opfergabe bringen sollst."
Diese Bernsteinschale musste die Opfergabe sein? Konnte man sich überhaupt etwas Kostbareres als Gabe vorstellen? War es nicht genau das Richtige für einen Sonnengott, der mit seinen Strahlen den schimmernden Bernstein erst zum wahren Leben erwecken konnte? Woher hatte Halfgar gewusst, dass sie ein solch kostbares Geschenk benötigte?
Behutsam legte Amintha die Schale in ihren Behälter zurück. Dann trat sie vor Halfgar und küsste ihn auf beide Wangen. Sie konnte ihre Tränen nicht mehr zurückhalten.
„Nie ich werde ich euch vergessen und das, was ihr für mich getan habt. Mein Volk und ich stehen tief in eurer Schuld. Ach, wenn ich doch nur das tun könnte, was ich wollte! Ich würde mit Freude diese Schale dafür geben, weiter bei euch bleiben zu können."

„Aber das kannst du nicht!“, sagte Halfgar in strengem Ton, denn auch er war den Tränen nahe und wollte sich vor seinen Leuten keine Blöße geben. „Du bist eine Botin der Götter und du hast deine Pflicht für dein geschundenes Volk zu tun! Bring dem Sonnengott dieses Gefäß als Opfer dar. Er wird seine schützende Hand dann auch über uns ausstrecken, so wie er es schon getan hat, als er dich zu uns schickte.“

Lange saßen sie an diesem Abend gemeinsam um das verglimmende Feuer, denn die Erinnerung an die verschiedenen Erlebnisse der gemeinsamen Reise und die wehmütigen Gedanken des Abschieds verdrängten noch lange Zeit die Müdigkeit. Noch bevor der Sonnengott am nächsten Morgen seine Reise über den Himmel beginnen konnte, trennten sich ihre Wege. Halfgar und die Jungen geleiteten Amintha zum Hafen und zu ihrem Schiff.

Das Segelboot, in dem sie ihre Reise fortsetzen sollte, kam ihr riesig vor. Die Besatzung bestand aus vier Männern und einem Jungen. Es gab kaum Platz, um sich zu bewegen, denn der gesamte Schiffsrumpf war mit Ledersäcken, die Getreide enthielten, ausgefüllt. Gegen die Feuchtigkeit war das Leder gut eingefettet worden, um ja keinen Tropfen durchzulassen. Amintha durfte sich direkt an der Bordwand auf ein paar Säcken niederlassen. Mit langen Rudern wurde das Schiff aus dem Hafen manövriert, bis schließlich ein frischer Wind das Segel aufblies und sie vorwärts trieb.
Amintha, die noch nie in einem Segelschiff gefahren war, drückte ein wenig ängstlich ihren Ledersack und das Kästchen, das die Zaubertafel und die kostbare Bernsteinschale enthielt, an sich als sich das Segel im Wind aufblähte und das Schiff in eine leichte Schieflage drückte. Sie waren bereits ein ordentliches Stück vom Ufer entfernt, als sie es endlich wagte, den Freunden am Ufer zuzuwinken. Es war, als würde sie nun auch noch das letzte Stück Heimat verlieren. Nach und nach verschwammen die Konturen der im Hafen zurückgebliebenen Bernsteinhändler vor ihren mit Tränen gefüllten Augen.

14

Seit Amintha die schwankenden Planken des Segelschiffes betreten hatte, glaubte sie, in eine andere Welt gekommen zu sein. Die Sonne, die sie so lange vermisst hatte, strahlte in aller Kraft vom Himmel, sodass sie sehr schnell darauf achtete, sich im Schatten des Segels niederzulassen, denn trotz des frischen Seewindes war die Hitze beachtlich.

Der Wind war herrlich, ebenso wie die Gischt, die gelegentlich bis an die Reling spritzte. Anfänglich war das Wasser noch schlammig und braun, aber je weiter sie sich von der Flussmündung entfernten, umso blauer und durchsichtiger wurde es. Und tatsächlich, es schmeckte nicht nur, es roch sogar nach Salz! Dünne kristallisierte Salzkrusten überzogen die Außenwände des Schiffes, und wenn sie die Tropfen, die die Gischt auf ihrem über Bord hängenden Arm hinterließ, ableckte, war der salzige Geschmack unverkennbar.

Die Bootsbesatzung war ihr gegenüber zunächst sehr scheu. Es handelte sich um einen Vater, den alten Andros, seine beiden Söhne und seinen etwa siebenjährigen Enkel. Sie nannten sich „Andriden“ und stammten aus einer alten Seefahrerdynastie weit südlich des Paionenreiches. Sie brachten Wein und Öl bis nach Amydon und füllten auf der Rückfahrt ihr Schiff mit Getreide und anderen im Süden benötigten Handelswaren. Offenbar kam es selten vor, dass sie überhaupt Reisende mitnahmen, schon gar nicht aber ein Mädchen, das in dem Ruf stand, eine Botin der Götter zu sein.

Amintha war fest entschlossen, während der Seefahrt so viel wie möglich von der Sprache dieser Männer zu lernen. Die Zaubertafel mochte ja eine Hilfe sein, aber es war wichtig, sich darüber hinaus verständlich machen zu können. Nicht ohne Stolz erinnerte sie sich daran, wie schnell sie mit Gerulf und Haros Hilfe die Sprache der Bernsteinleute gelernt hatte. Die Andriden redeten aber selbst miteinander nur das Nötigste. An Amintha hatte keiner von ihnen bisher ein einziges Wort gerichtet.

Am Abend hielten sie auf die Küste zu und gingen in einer Bucht vor Anker. Die Männer bereiteten über einem Feuer einige Fische zu und boten Amintha von den Speisen an. Als sich sie aber zu ihnen ans Feuer setzte, rückten sie enger zusammen und trauten sich nicht, in ihre Richtung zu blicken. Nur der kleine Kostis linste hin und wieder verstohlen

zu ihr herüber. Als sie ihn bei einem dieser Blicke breit anlächelte, grinste er schüchtern zurück.
„Kostis, sag mir, wie heißen diese Dinger?“, fragte Amintha in ihrer Muttersprache und deutete auf die Fische.
Verständnislos starrte der Junge sie an.
„Fisch“, sagte Amintha und deutete wieder auf die Fische. Danach deutete sie auf sich und sagte: „Amintha“. Immer noch schien der Kleine nicht zu begreifen, was sie von ihm wollte. Immerhin waren nun auch die anderen etwas zugänglicher geworden und blickten sie ebenfalls neugierig an.
„Andros“, sagte Amintha nun und zeigte auf den alten Seemann. „Und du bist Kostis“, fuhr sie fort und deutete wieder auf den Jungen.
Endlich schien er zu verstehen, was sie wollte. Er zeigte ebenfalls auf sich und sagte „Kostis“.
Nun zeigte Amintha wieder auf die Fische und machte eine fragende Handbewegung.
„Ichtys“, sagte der Junge leise.
„Ischtus“ wiederholte Amintha. Kostis prustete ein fröhliches Lachen heraus und sprach ihr das Wort nochmals in der richtigen Aussprache vor. Allmählich fing die Sache an, ihm Spaß zu machen.

Bevor sich die Reisenden an diesem Abend in ihre Decken rollten, war das Eis endgültig gebrochen. Mit wachsender Begeisterung hatte sich die ganze Familie damit beschäftigt, Amintha neue Worte beizubringen, wobei ihre Versuche, sie nachzusprechen, immer wieder unbeschwertes Lachen der Andriden hervorrief. Aber es war ja nicht so wichtig, dass alles gleich ganz richtig klang, die Hauptsache war doch, dass man sie verstand! Bis zum Einschlafen wiederholte Amintha immer wieder die erlernten Worte für Fisch, Schiff, Meer, Holz, Feuer, Decke, Sand, Himmel, Stern und noch so einiges mehr.
Als sie erwachte, war es fast noch dunkel. Vorsichtig erhob sie sich. Jetzt wollte sie endlich das machen, worauf sie sich schon den ganzen vergangenen Tag gefreut hatte: in dem herrlichen Meer baden!
Hier am Ufer war das Wasser überhaupt nicht kalt. Und als sie im tieferen Wasser losschwamm, stellte sie voller Überraschung fest, dass sie kaum untergehen konnte, selbst wenn sie sich kaum bewegte. Beim Tauchen aber biss das Salz unangenehm in die Augen. Trotzdem war

es herrlich, und am liebsten wäre sie noch stundenlang im Wasser geblieben, wenn sie nicht die erschrockenen Rufe der Andriden genötigt hätten, wieder ans Ufer zurückzuschwimmen.
Scheinbar war es nicht üblich, dass Götterbotinnen schwimmen gingen, denn die Männer betrachteten sie schockiert, als sie triefend an Land watete. Nun, sie würden sich noch an einiges gewöhnen müssen. Amintha hatte jedenfalls nicht vor, sich von den Seeleuten Vorschriften machen zu lassen. Schnell war der Frieden wieder hergestellt, und Amintha lernte im Laufe des Tages viele weitere neue Worte, die sich, mangels anderer Objekte, zum großen Teil auf Dinge bezogen, die mit der Seefahrt zu tun hatten. Ob ihr das auf ihrer Suche nach dem Sonnengott viel nützen würde, bezweifelte sie zwar, aber immerhin hörte sie sich immer besser in den Sprachrhythmus ein und brachte die ganze Mannschaft zum Lachen, als sie plötzlich „Kostis, los, Segel vertäuen“ rief und der Kleine tatsächlich aufsprang, um den Befehl auszuführen, bis er dann merkte, dass es nur Amintha gewesen war, die ihre Sprachkünste an ihm erproben wollte.

Mehrere Tage fuhren sie, erst in westlicher, aber bald in südlicher Richtung an der Küste entlang. Allabendlich gingen sie in einer kleinen Bucht oder in Ufernähe vor Anker und setzten früh am Morgen die Reise fort. Manchmal entfernten sie sich so weit von der Küste, dass diese kaum noch zu erkennen war. Die Sonne brannte vom Himmel, bis am Abend des dritten Reisetages Wolken aufzogen und in der Nacht sogar ein leichter Regen fiel. Der nächste Morgen dämmerte noch immer trübe und dunstig herauf. Als das Boot der Andriden weiter auf das offene Meer hinausgesegelt war, stieß Andros plötzlich einen Ruf aus und deutet nach Süden.
Amintha folgte seinem Blick. Die Küstenlinie zeichnete sich gegen den trüben Himmel viel deutlicher ab als bei hellem Sonnenschein. Hinter dem Uferstreifen erstrecke sich eine Bergkette. Und dort, alles andere überragend, erblickte sie einen dunklen hohen Kegel, dessen Spitze in den Wolken verschwand.
„Olympos, der Thron der Götter“, sagte Andros in seiner Sprache, und obwohl Amintha nicht alles verstand, wusste sie sofort, was Andros mit seinen Worten gesagt hatte.

15

In solch schwindelnder Höhe hatte sich Amintha noch nie befunden. Es schien eine Ewigkeit her, seit sie das Schiff verlassen und sich auf den Weg landeinwärts gemacht hatte. Zunächst war sie durch dichte Nadelholzwälder stetig bergauf gegangen, hatte dann durch Felsschluchten und entlang malerischer Gebirgsbäche mit Wasserfällen ihren Weg gesucht und war schließlich oberhalb der Baumgrenze auf ein spärlich bewachsenes Steinfeld geraten. Sie hätte sich sicher unzählige Male verlaufen, wäre sie nicht gelegentlich auf Hirten gestoßen. Zwar konnte Amintha nur „Olympos, Thron der Götter“ in der fremden Sprache sagen, aber die erklärende Gestik, mit der ihre „Gesprächs“partner ihr den Weg gewiesen hatten, war doch so deutlich zu verstehen, dass sie immer weiter fand. Diese Hirten waren nicht so scheu wie die Seeleute, sondern starrten Amintha offen und neugierig an und luden sie ein, ihre Malzeit aus würzigen frischen Käsefladen und einem harten groben Brot zu teilen. Sie hatte sogar die Nacht in einem Hirtenlager verbracht, gut behütet von riesigen Hunden, deren zernarbte Köpfe Zeugnis von Kämpfen mit Wildtieren ablegten.
Amintha war von diesen Hunden fasziniert. So große Hunde hatte sie noch nirgendwo gesehen. Wenn sie so ein mächtiges Tier bei sich hätte, würde ihr wohl kaum etwas Böses zustoßen können.
Je mehr sich Amintha dem Berggipfel näherte, desto seltener traf sie auf Herden und deren Hirten. Die Bergspitze selbst war von Dunst verhüllt. Immer noch war es drückend heiß, obwohl die Mittagsstunde längst vorüber war.
Suchend blickte Amintha um sich. Hatte der Magier der Paionen Halfgar nicht geweissagt, dass sie hier oben Hilfe finden würde? Aber woher in dieser Einöde, die aussah als hätte noch nie eines Menschen Fuß diesen Boden betreten, sollte diese Hilfe kommen? Ob die Götter überhaupt zuließen, dass man sich so keck ihrem Thron näherte? Aminthas Schritte wurden zunehmend zögerlicher.
Langsam schwand das Tageslicht. Der Sonnengott bereitete sich auf seine nächtliche Reise durch das Weltmeer vor. Es wurde zwar schnell dunkler, aber die schwüle Hitze hielt weiter an. Amintha hatte in ihrer Gedankenlosigkeit versäumt, sich in diesem unheimlichen Felsengewirr

rechtzeitig einen Platz für die Nacht zu suchen. Weiterzulaufen war viel zu gefährlich, sie hatte sich schon bei Helligkeit die Füße am Geröll wund gestoßen.
Ein weithin hallender Ton ließ sie plötzlich erschrocken zusammenfahren. Aus welcher Richtung das Geräusch gekommen war, konnte Amintha nicht sofort erkennen. Erneut drang der laut scheppernde und lang nachhallende Klang an ihre aufmerksamen Ohren. Wenige Schritte vor ihr ragte eine Felsenklippe aus einer steilen Felswand hervor. Dahinter schien der Lärm seinen Ursprung zu haben. Mutig stolperte sie vorwärts und bog behutsam um die Felsnase. Sie nahm einen Feuerschein wahr, der immer wieder von sich bewegenden Schatten verdeckt wurde. Unerschrocken ging Amintha weiter auf den Feuerschein zu und beobachtete gebannt, was sich dort abspielte:
Auf einem brusthohen Felsplateau flackerte ein kleines Feuer. Davor standen mehrere Gestalten in langen weißen Gewändern. Eine Person hielt an ihrem ausgestreckten Arm eine große, im Feuer metallisch blinkende Scheibe, die sie mit einem Stab berührte. Wieder ertönte der weithin hallende Klang.
Hatte Amintha etwa die Magier des Sonnegottes gefunden? Denn dass es sich um Magier handeln musste, die sich mitten in der Ausübung einer Zeremonie befanden, stand für Amintha außer Frage. Aus dem eintönigen Gesang, den die weiß gewandeten Männer gerade anstimmten, glaubte Amintha die Namen von Göttern herauszuhören. Plötzlich verstummten die Männer, und gleich darauf schüttete einer aus einer Schale ein Pulver in die Flammen, worauf sich augenblicklich ein aromatischer, betörender Duft verbreitete.
Amintha rang mit sich, ob sie sich den Magiern bemerkbar machen sollte. Sie war schließlich eine Botin der Götter, und diese Männer standen offensichtlich mit den Göttern in Verbindung. Es war mit Sicherheit viel verwerflicher, eine magische Zeremonie heimlich zu belauschen.
Wie auf ein geheimes Zeichen hin drehten sich plötzlich alle Magier um und blickten regungslos in Aminthas Richtung. Der Magier, der eben das Duftpulver ins Feuer gestreut hatte, hob langsam den Arm und bedeutete ihr, näher zu kommen. Zögernd trat Amintha heran, verschränkte grüßend ihre Hände auf der Brust und verbeugte sich. Sie spürte keine Angst. Ein Gefühl der Leichtigkeit rieselte durch ihren

Körper, der noch kurz zuvor so schwer und müde vom mühsamen Aufstieg gewesen war. Das musste an dem würzigen Rauch liegen, der mit jedem Atemzug tiefer in ihre Brust gesogen wurde.
Amintha vollendete ihre Verbeugung und nahm ihren Ledersack von der Schulter, aus dem sie das kleine Kästchen herauszog. Sie öffnete es vorsichtig und reichte dem Magier die tönerne Zaubertafel. Der durchdringende Blick des Magiers, der lange Zeit auf das goldene Diadem auf Aminthas Stirn gerichtet gewesen war, wanderte langsam auf die überreichte Tontafel.
Der weiß gewandete Mann wandte sich der Feuerstelle zu, damit Licht auf die Tontafel fiel. Amintha erkannte, dass er die geheimnisvollen Zeichen auf der Tontafel deuten konnte, denn er begann aufgeregt, sogleich auf die anderen Magier einzureden, die ebenfalls erstaunte Rufe ausstießen.
Auch an Amintha richtete der Magier mehrere Fragen bis er feststellte, dass sie ihn nicht verstehen konnte. Dennoch kamen ihr die wenigen Sprachbrocken, die sie bei Andros gelernt hatte, zugute.
„Ich bin Amintha“, sagte sie langsam. „Ich suche den Sonnengott. Ich verstehe nicht eure Worte.“
Nachdenklich blickte der Magier sie an. Noch bevor er in seiner bedächtigen Art das Gespräch fortsetzen konnte, fuhr ein scharfer Windstoß über die Bergkuppe, der einen Schwarm rotglühender Funken aus dem Feuer auf dem Altar herauswirbelte. Gleichzeitig vernahm Amintha einen lauten Donner, Blitze zuckten über den Himmel und schwere Regentropfen begannen herunterzuprasseln.
Eigentlich hatte Amintha keine Angst vor Unwettern, aber dieses Gewitter kam so plötzlich und mit solcher Kraft, dass sie tief erschrak. Die Blitze zuckten in grellen Farben vor ihren Augen, und seit sie den würzigen Rauch des Opferfeuers eingeatmet hatte, hatte sie außerdem ständig das Gefühl, dass der Boden unter ihren Füßen sich in Wellen hin und her bewegte. Wollten die Götter Amintha mit diesem Unwetter von ihrem Wohnsitz vertreiben oder hatten die Magier nur einen Regenzauber besonders erfolgreich ausgeführt?
Nur mit Mühe konnte Amintha den Männern folgen, die sie in den Schutz einer nah gelegenen tiefen Höhle geleiteten. Die Magier schienen in der Höhle zu wohnen, denn als sie mehrere Kienspäne zur Beleuch-

tung entzündet hatten, sah Amintha, dass der große Raum mit weichen Fellen, Bänken und einer Herdstelle wohnlich hergerichtet war.
Während draußen das Gewitter tobte, brannte hier drinnen ein warmes Feuer, und bald hielt Amintha eine Schüssel mit einer dampfenden Kräutersuppe in der Hand, die wunderbar duftete. Dankbar schlürfte sie das warme Getränk, während die Magier sie neugierig musterten. Es waren nicht nur Männer, sondern auch mehrere Jungen verschiedenen Alters. Alle trugen die gleichen hellen Gewänder, und ihre langen, ungepflegten Haare und Bärte rahmten mit wirren Locken ihre Gesichter ein.
Schließlich stellte sie die leere Schüssel auf den Boden und lächelte die Männer dankbar an.
„Wo finde ich den Herrn des Lichts?“, versuchte sie es noch einmal in der neu erlernten Sprache.
Mit ihren benommenen Sinnen gelang es Amintha nur mühsam zu verstehen, was die Magier ihr antworteten. Sie bemühten sich, einfache Worte zu verwenden und langsam zu sprechen. Laut der Wortfetzen, die Amintha von dem Gesagten der Magier verstand, gab es nur einen einzigen Ort, wo man Kontakt zum Sonnengott bekommen konnte. Aber der war zur großen Enttäuschung von Amintha nicht hier auf dem Olympos-Berg.
„Sollte ihre Reise denn niemals ein Ende nehmen?“, dachte Amintha verzweifelt, als ihr die Bedeutung der Worte langsam klar wurde. Hatten die Götter sie denn immer noch nicht genug geprüft, um ihr endlich den Sitz des Sonnengottes zu verraten?
Schlagartig war alle Kraft und Hoffnung aus Aminthas Körper gewichen. Ihr war übel, und eine schwere Müdigkeit begann sich in ihr auszubreiten.

„Pylos..., viele Tagesreisen..., Süden..., Sonnengott..., Opfer..., Süden...“

Wie ein fernes Echo drangen diese Worte des Magiers noch an ihr Ohr, bevor Amintha mit einem dankbaren Lächeln auf den Lippen erschöpft auf ein aus Bärenfellen bereitetes Lager sank und tiefer Schlaf sie endgültig völlig umfing.

16

Mit einem dumpfen Brummschädel erwachte Amintha. Der Eingang der Höhle war hell vom Licht der aufgehenden Sonne erleuchtet, das in ihren zusammgekniffenen Augen schmerzte. Die Höhle war verlassen. Mühsam rappelte sie sich von ihrer Lagerstatt auf und trat nach draußen. Es dauerte eine Weile, bis sich ihre Augen an das blendende Tagslicht gewöhnt hatten. Ihr Blick streifte ziellos und leer umher. In der Ferne sah sie das blau schimmernde Meer, in dessen endloser Weite wohl irgendwo die Insel Pylos liegen musste. Völlig zusammenhanglos schwirrte der Name des Ortes, auf der sich der Thron des Sonnengottes befinden sollte, durch ihre Erinnerung. Es deutete sich an, dass auch dieser Tag wieder heiß werden sollte, denn bereits zu dieser frühen Tageszeit ließ der Gott des Lichts seine immense Kraft deutlich spüren. „Das ist so ungerecht!“, dachte Amintha, „mein Volk sehnt sich seit so langer Zeit nach der lebensspendenden Kraft der Sonne und hier verschüttet sie ihre Strahlen freigiebig.“

Neben dem Höhleneingang vernahm sie das Plätschern von Wasser. Ein dünnes Rinnsal lief über die Felsen und sammelte sich in einer Vertiefung. Amintha bückte sich und tauchte einen Becher, der neben dem kleinen Wasserbecken stand, in die klare Flüssigkeit. Wie kühl und erfrischend das Wasser schmeckte! Sie ließ die Tropfen über Gesicht und Arme rinnen. Es war wirklich wunderschön hier, sie konnte schon verstehen, dass die Götter diesen Berg zu ihrem Wohnsitz auserkoren hatten.

Von fern hörte sie die Gesänge der Magier. Sie hatten sich bereits in aller Frühe am Altar versammelt und verrichteten dort ihre morgendliche Andacht. „Vermutlich danken sie den Göttern für den erfrischenden Regen, der im Zusammenspiel mit der Sonne dieses Land so üppig gedeihen lässt“, dachte Amintha.

Wenn sie auch noch nicht wusste, wohin sie nun weiterreisen wollte, so war Amintha doch klar, dass sie hier oben auf dem Olympos nicht bleiben konnte. Sie hatte gerade das Brot und den Käse, den ihr die Magier als Morgenspeise an ihr Lager gestellt hatten, aufgegessen, als die freundlichen Männer zur Höhle zurückkehrten. Amintha packte ihre Sachen und begann, sich von den Magiern zu verabschieden.

„Pylos..., Sonnengott..., Süden...“, sagte der Obermagier und wies mit der Hand auf das Meer, das sich unterhalb der Berge scheinbar unendlich weit ausbreitete.
„Ja, danke, ich erinnere mich noch an eure Worte von gestern Abend“, antworte Amintha mit einem gequälten Lächeln, „ich weiß, dass ich noch immer nicht am Ziel meiner Reise bin.“ Amintha hatte diese Worte in ihrer Sprache gesagt. Der Magier durfte wohl kaum etwas davon verstanden haben, aber er musste den traurigen und mutlosen Blick in Aminthas Augen gesehen haben, denn er nahm sie zum Abschied warmherzig und aufmunternd in den Arm.
Er wies einen der Jungen an, sie ein Stück zu begleiten. Amintha war das nur recht, denn in diesem Felsengewirr konnte man sich sehr leicht verirren. Außerdem hatte der starke Regen den Boden aufgeweicht und rutschig werden lassen. Aber mit der Hilfe des Jungen an den engen und teilweise steilen Stellen des Geländes erreichte Amintha sicher den Waldrand, von wo aus sie alleine weitergehen wollte.
Zunächst einmal würde sie zu Andros und dessen Söhnen in den Hafen zurückgehen. Sein Schiff war dort vor Anker gegangen, um einen Teil des Getreides gegen andere Waren einzutauschen. Aber mehr als vier Tage, so hatte sie der Zeichensprache des Alten entnommen, wollten sie dort nicht bleiben. Im Hafen wollte Amintha entscheiden, in welcher Richtung sie ihre Reise fortsetzen würde. Im Moment war sie viel zu mutlos und enttäuscht, um Zukunftspläne zu schmieden. Sie spürte, dass es nicht richtig wäre, in dieser Stimmungslage eine so wichtige Entscheidung zu fällen. So hoffte sie, während des Abstiegs durch den Bergwald ihre Gedanken ordnen zu können und folgte weiter dem Weg ins Tal. Es musste in der Nacht unglaublich stark geregnet haben, denn an manchen Stellen waren vom bergab rinnenden Wasser ganze Baumwurzeln unterspült worden, so dass die Stämme jetzt kreuz und quer über dem schmalen Pfad lagen. Aus einem schmalen Bergbach, den sie beim Aufstieg problemlos durchwatet hatte, war ein reißender Strom geworden. Unschlüssig stand Amintha am Ufer und überlegte, wie sie am besten hinüberkommen sollte. Der Bach war zwar nicht breit, schoss aber mit wilder Kraft dahin. Amintha hatte Angst, dass die Zaubertafel und die kostbare Bernsteinschale Schaden nehmen könnten, wenn sie durch das Wasser watete. Ein von der Flut ausgerissener und am Ufer

verkeilter junger Baumstamm brachte sie auf die Idee, ihren Ledersack daran zu hängen und an der Baumstange auf das jenseitige Ufer zu schieben. Es klappte besser, als sie zu hoffen gewagt hatte. Nun war wenigstens ihr Gepäck in Sicherheit. Vorsichtig watete sie anschließend selbst ins Wasser und benutzte dabei die Stange, die sie Stück für Stück tief in den Grund des Baches stieß, als zusätzlichen Halt. Die Strömung riss sie fast um, aber mutig kämpfte sie sich schrittweise weiter. Das Wasser ging ihr nur bis zur Hüfte, war aber eiskalt, so dass sie vor Kälte immer steifer wurde. Sie hatte es fast geschafft, als eine große Baumwurzel auf dem Wasser auf sie zugeschossen kam. Amintha gelang es zwar, der Wurzel auszuweichen, aber sie rutschte auf dem glitschigen Boden aus und verlor das Gleichgewicht. Sofort wurde sie von dem Wasser mitgerissen, prallte mit dem Kopf gegen einen Felsen und verlor das Bewusstsein.

Sie war eingeklemmt. Eingeklemmt unter dem Wagen des Sonnengottes. Die weißen Pferde, die das gleißende Gefährt zogen, hämmerten mit ihren Hufen gegen ihren Kopf. Verzweifelt versuchte Amintha, sich aus ihrer Lage zu befreien, den Gott um Hilfe anzuflehen, aber sie spürte nur eine alles versengende Hitze. Die Hitze ging von einem dicken Lichtstrahl aus, der vor ihr auf dem Boden sanft kreiste und dessen anderes Ende sich in endloser Höhe im blendenden Licht der Sonne verlor. Irgendetwas, dass Amintha zuerst nicht genau erkennen konnte, stand plötzlich hell funkelnd in dem Lichtkegel. Es war die Bernsteintasse, die sie dem Sonnengott hatte opfern wollen. Auf einmal war die Tasse verschwunden, aber der Lichtkegel blendete sie immer noch. Nimm mein Opfer gnädig an!“, wollte Amintha rufen, doch kein Wort entwich ihrem Mund.

Aus weiter Ferne drangen Stimmen an ihr Ohr. Auf ihrer Stirn fühlte sie plötzlich etwas angenehm Kaltes und Feuchtes, das die Pferde des Sonnenwagens mit ihren schrecklichen Hufen vertrieb. Amintha öffnete blinzelnd die Augen. Der penetrante Geruch von Schafen umgab sie.

Es dauerte jedoch noch ziemlich lange, bis Amintha wieder so weit bei Sinnen war, dass sie feststellen konnte, wo sie war und sich auch an ihren Unfall im Bachbett erinnerte. Hirten hatten sie gefunden, zu ihrem Lager gebracht, die vielen tiefen Schürf- und Schnittwunden mit Salbe behandelt und die große Beule am Kopf mit feuchten Tüchern gekühlt.

Inzwischen war es schon Abend geworden. Amintha fühlte sich immer noch wie zerschlagen. Beim Anblick einer Lammkeule, die man ihr zu essen anbot, wurde ihr zudem noch fürchterlich schlecht, so dass sie bald vor Erschöpfung wieder einschlief.

Als sie am nächsten Morgen aufwachte, ging es ihr besser. Leise stöhnend streckte sie ihre Glieder und erprobte, welche sie noch schmerzfrei bewegen konnte. Blitzartig schoss ihr dabei ein furchtbarer Gedanke durch den Kopf: Die Zaubertafel! Die Bernsteinschale! Was war aus ihren Schätzen geworden? Abrupt richtete sie sich auf und starrte um sich. Sie lag auf Schaffellen in der Nähe einer Feuerstelle und neben ihr – erleichtert sank sie auf ihr Lager zurück – neben ihr lag ihr Ledersack. Die Hirten mussten ihn aufgelesen haben und hatten ihn gleich neben sie gelegt, damit sie ihn sofort finden würde.

Amintha war den Leuten tief dankbar. Nicht nur dafür, dass diese Hirten sie gefunden hatten, sondern auch dafür, dass sie heilkundig versorgt worden war. Die Hirten, die weit ab von anderen Menschen ihrer Hütearbeit nachgingen, hatten sich zwangsläufig einiges Wissen im Umgang mit verletztem Vieh und Menschen aneignen müssen. Selbst Aminthas starke Kopfschmerzen wurden schnell besser, als ihr einer der Männer einen bitter schmeckenden Absud zu trinken gab.

Zunehmend entspannt blickte Amintha um sich. Verteilt über das Buschland grasten Schafe, umspielt von ihren halbwüchsigen Lämmern. Zwei davon tollten ganz in der Nähe herum. Aber – warum sah denn das eine Lamm so komisch aus? Das war doch kein Schaf, das war – ein grauweißer junger Hund! Anders als die Hütehunde, die die Herde umkreisten, spielte er mit den Lämmern und rannte kurz darauf zu einem Mutterschaf, um zu trinken. Amintha zeigte auf den Hund und sah die Männer mit fragendem Blick an. Sie schmunzelten und begannen, auf sie einzureden. Sie verstand jedoch nur wenige Worte: „Hundmutter tot, Schaf ist Mutter, Hund schlecht, nicht arbeitet, fühlt sich als Schaf."

Schnell reimte Amintha sich die Geschichte zusammen. Der Hund hatte offenbar als kleiner Welpe seine Mutter verloren. Ein Schaf hatte ihn gesäugt, und er war mit den Lämmern zusammen aufgewachsen. Nun hielt er sich offenbar selber für ein Schaf. „Hund schlecht" schien zu bedeuten, dass der Hund als Hütehund für die Hirten nutzlos war. Denn

wenn er tatsächlich glaubte, dass er ein Schaf sei, würde er wohl kaum wilde Tiere vertreiben, sondern eher selber wegrennen.
Lange Zeit beobachtete Amintha das Tier. Mal schien es sich als Hund zu verhalten und kurze Zeit darauf war es wieder ganz Lamm oder Schaf. Noch immer fühlte sie sich etwas benommen und ohne Mut für ihre weitere Reise. Und obwohl die Hirten sich so ihrer angenommen hatten, fürchtete sie sich davor, bald wieder allein ihre Suche fortsetzen zu müssen. Wie schön wäre es doch, so einen Hund als Gefährten zu haben! Amintha kam eine Idee. Sie hatte doch noch die kleinen Bernsteinstückchen, die ihr die Händler seinerzeit geschenkt hatten. Zögernd wandte sie sich an die Hirten:
„Hund schlecht für Schafe, gut für Amintha", sagte sie und hoffte, die Männer würden verstehen, dass sie ihnen dieses Tier gern abgehandelt hätte.
Wieder mussten die Männer lachen, dann stand einer auf, packte den Hund und legte ihn Amintha in den Schoß. Der Welpe begann sofort, sie überall abzulecken und mit seinen riesigen Pfoten zu bearbeiten.

„Hund für Amintha", sagte er und die anderen nickten bekräftigend.
Die Bezahlung mit den Bernsteinstücken wurde von den Hirten freundlich abgelehnt. Sie gaben Amintha zu verstehen, dass es für sie eine Erleichterung sei, wenn sie den Hund nicht füttern müssten und er ihnen nicht die Schafsmilch wegsaufen würde.
Einer der Hirten kam mit einem Lederriemen, den er dem Hund um den Hals band und dessen Ende er Amintha in die Hand legte.
Umhüpft von dem jungen verspielten Wollknäuel setzte Amintha bald darauf ihren Weg fort, nachdem sie sich herzlich von den freundlichen Hirten verabschiedet hatte. Der kleine Wildfang hatte das Herz von Amintha in Windeseile vollständig erobert und die Düsternis der letzten

Tage fast ganz vertrieben. Den Rest des Weges überlegte sich Amintha, wie sie den Kleinen nennen sollte. Noch war er klein und süß, aber er würde, wenn sie von dem Aussehen der anderen Hirtenhunde ausging, schon bald ein riesiger Kerl mit einem bedrohlichen Gebiss sein. Sie musste ihn gut erziehen, dann würde er für sie ein treuer und wertvoller Begleiter werden, der sie auch beschützen könnte. Was für ein Name passte wohl zu so einem Hund?
Erst als sie wieder an der Küste ankam und sich nochmals zurückwandte, um die Berge hinter sich zu mustern, in denen sie in so kurzer Zeit so viel erlebt hatte, fiel ihr ein Name ein, der diesem Hund würdig sein würde. „Sohn des Olympos" sollte er heißen und sie immer an diese Reise zum Thron der Götter erinnern. Und diese Reise war noch nicht zu Ende. Plötzlich erinnerte sich Amintha an den Traum, den sie gehabt hatte, nachdem sie sich im Bach den Kopf verletzt hatte. So deutlich hatte sie die Nähe des Sonnengottes gespürt. Und hatte der Sonnengott nicht ihre Gabe von ihr angenommen? Wenn dieses Traumbild sich erfüllen sollte, dann konnte sie jetzt nicht einfach aufgeben! Ganz klar sah sie es nun vor ihren Augen: Sie würde die Reise zum Sonnengott fortsetzen und ihr Ziel erreichen!

17

Andros und seine Söhne staunten nicht schlecht, als Amintha mit einem Tag Verspätung, von Kopf bis Fuß mit Schürfwunden bedeckt und mit einem jungen Hund an der Leine, aber offenbar bester Laune im Hafen auftauchte. Sie hatten den ganzen Tag überlegt, ob sie nicht ohne sie weiterfahren sollten, denn die vier Tage, die sie ausgemacht hatten, waren vorbei. Aber dann hatten sie doch beschlossen, noch bis zum nächsten Morgen zu warten. Sie hatten gute Geschäfte gemacht, denn die Hirten in den Bergen benötigten Getreide, das sie gegen Käse und getrocknetes Fleisch eingetauscht hatten. Deshalb war die Bootsladung nicht kleiner geworden, sodass Amintha Mühe hatte, einen Platz für den lebhaften Olymp, so rief sie den Hund inzwischen, zu finden.

Mehrmals sprang das Kerlchen einfach über Bord, bis Kostis ihm aus Seilen eine Art Geschirr geflochten hatte. Mit dem daran befestigten Strick konnten sie den triefenden Gesellen gleich wieder an Bord hieven, wo er nichts Besseres zu tun fand, als sich zu schütteln und seine Umgebung vollzuspritzen.

Zuerst hatte Amintha gefürchtet, dass die Andriden sich weigern würden, das Tier an Bord zu nehmen. Doch die Hirtenhunde vom Thron der Götter waren wohl überaus berühmt und wertvoll. Sie wurden „Molosserhunde“ genannt und waren auch als Kampfhunde sehr begehrt. Begleitet von häufigem Gelächter über lustige Missverständnisse und über Aminthas komische Aussprache der ihr fremden Worte hatten die Andriden ihr schließlich einiges über Hunde wie Olympos erzählen können. Es war also ein großes Geschenk, das die Hirten Amintha gemacht hatten.

Während sie ihre Fahrt nach Süden fortsetzten, versuchte Amintha, wann immer sie konnte, den Hund zu erziehen. Zum Glück schien er die gewohnte Schafsmilch nicht zu vermissen, sondern fraß gerne Fisch, der ja zur Genüge zur Verfügung stand, denn unterwegs warfen die Andriden immer wieder mal die Netze aus, um die Mahlzeiten zu besorgen.

Amintha hatte versucht, Andros zu erzählen, was sie auf dem Berg erlebt hatte. Sie sagte „Sonnengott, Süden, Pylos“ und war erleichtert, als Andros eifrig nickte und den Namen „Pylos“ wiederholte. Offenbar kannte er den Ort. Als Amintha ihn aber fragte, ob er nach Pylos fahren würde, schüttelte er energisch den Kopf und sagte „Jolkos“. Dabei deutete er aber ebenfalls nach Süden. Sie würde also auf jeden Fall noch eine Weile mit den Andriden weiterreisen können. Und in diesem Jolkos gab es vielleicht jemanden, der ihr dann weiterhalf. Dass sie ihr Ziel wohl wieder nicht auf direktem Wege erreichen würde, nahm sie jetzt ganz gelassen hin.

In den folgenden Tagen, in denen sie entlang einer bergigen Küste immer weiter nach Süden fuhren, versuchte sie, ihre Sprachkenntnisse so weit wie möglich zu verbessern. Längst kannte sie die Namen aller Gegenstände, die sich auf dem Schiff befanden. Aber sie wollte mehr lernen! Das aber war nicht einfach, denn nach wie vor zogen Andros und seine Söhne es vor, so wenig wie möglich zu sprechen und jede Antwort

auf Aminthas Fragen musste erst langsam in den Köpfen der Männer reifen, was Amintha manchmal fast zur Verzweiflung brachte.
Abends am Feuer versuchte Amintha, die Männer über Jolkos auszufragen.
„Dort auch Hafen und Schiffe?“, fragte sie. Als die Männer dies bejahten, fuhr sie fort.
„Von Jolkos nach Pylos fahren mit Schiff oder mit...“. Sie überlegte. Wie solle sie es ausdrücken, ob es von dort über Land weiterging? Ob man mit einem Pferd reisen musste? Was hieß überhaupt Pferd in dieser Sprache?
Sie nahm einen Ast aus dem Feuer und zeichnete in den feuchten Sand die Umrisse eines Pferdes. Erstaunt blickten alle auf ihr Gemälde, dann rief Kostis, der etwas schneller reagierte als seine Verwandten, den Namen des Tieres. Nun kannte Amintha kein Halten mehr. Sie zeichnete einen Wagen, sie zeichnete ein Haus, ein Bett, ein Schwert, Pfeil und Bogen, eine Kuh und noch so allerlei. Fasziniert und bewundernd sahen die Männer zu und wetteiferten darin, als erster den Gegenstand zu erkennen und in ihrer Sprache zu benennen. Immer wieder deutete Amintha auf die verschiedenen Bilder, bis sie sich schließlich alle Worte gemerkt hatte.
Bevor das Schiff am nächsten Morgen seine Reise fortsetzte, las Amintha am Strand eine große flache Steinplatte auf und nahm mehrere angekohlte Hölzer aus der Feuerstelle. Nun konnte sie auch tagsüber auf dem Schiff all das zeichnen, was sie an Worten lernen wollte und die Platte zwischendurch immer wieder mit Seewasser sauber spülen.
Über Jolkos hatte sie inzwischen einiges in Erfahrung gebracht, das ihr nicht gefiel. Offenbar fuhren sie jetzt zwar noch in südlicher Richtung, aber bald würde das Schiff eine lange Landzunge umrunden, und von dort würde der Weg wieder nach Norden in eine tiefe Bucht führen, in der Jolkos liegen sollte. Der schnellste Weg von Jolkos nach Pylos, so meinte es jedenfalls Andros, führte dann nicht über das Meer, sondern über Land.
Amintha beschloss daher, sich von den Andriden zu trennen, bevor diese in die große Bucht in Richtung Norden abbiegen würden. Andros hatte ihr erzählt, dass sich am südlichen Ende der Landzunge, die er umfahren wollte, ein Heiligtum befände. Dort würde man ihr sicher

weiterhelfen und den Weg nach Pylos weisen können.
„In diesem Heiligtum werden Kentauren angebetet", erzählte Andros und Amintha merkte an seinem Tonfall, das er dies höchst befremdlich fand.
„Was sind Kentauren?", hatte Amintha erstaunt gefragt.
„Pferdmenschen. Vorne Mensch, hinten Pferd."
„Das nicht geht!", lachte Amintha und war erstaunt, dass der dröge Andros sogar mal einen Scherz machen konnte.
„Doch, es gibt sie wirklich! Und sie sind gefährlich! Sie sollen sogar Menschen fressen. Verlasse uns bloß nicht an diesem Ort, komm lieber mit uns nach Jolkos!", rief Kostis.
Aber Amintha war fest entschlossen, sich nicht durch dieses abergläubische Gerede beeindrucken zu lassen. Außerdem hatte sie ja Olymp, der in den letzten Tagen erheblich gewachsen war, dafür aber beim Hecheln in der Hitze unerträglich nach Fisch stank. Er würde sie schon beschützen!

18

Bevor die Andriden mit ihrem Schiff von der Südspitze der Landzunge wieder in See gestochen waren, hatte Andros ihr so gut wie möglich erklärt, wie sie nach Pylos gelangen konnte. Sie musste das Küstengebirge überqueren und dann immer in südwestlicher Richtung weiterwandern. Sie würde dann auf einen schmalen Sund stoßen. Und wenn sie diesen überquert hätte, wären es immer noch mehrere Tagereisen bis Pylos.
Seufzend machte sich Amintha auf und bahnte sich zunächst ihren Weg durch dichte Pinienwälder, bevor sie an einen Hang stieß, den sie nun hinaufkletterte. Olymp umsprang sie bellend. Er war sichtlich froh, wieder festen Boden unter den Füßen zu haben.
Die Sonne beendete ihre Tagesreise und tauchte langsam hinter den Bergen ab. Am Rande eines baumlosen Felsplateaus drehte sich Amintha noch einmal um und blickte über die Bucht. Längst war das Schiff mit den Andriden am Horizont verschwunden. Die Dämmerung zog herauf,

und in Amintha keimten erneut erste Zweifel, ob sie nicht doch besser mit nach Jolkos gefahren wäre. Wieder streifte sie durch eine ihr völlig unbekannte Landschaft, nur ausgestattet mit einer ungefähren Beschreibung der einzuschlagenden Richtung, etwas Proviant und einem jungen tollpatschigen Hund.
Die Gegend wurde immer unheimlicher. Hinter dem Plateau ragte eine Felswand in die Höhe, die an manchen Stellen dunkle Löcher aufwies, Weiter zu gehen war in der inzwischen eingetretenen Finsternis zu gefährlich. Vorsichtig tastete sich Amintha auf der Suche nach einem geschützten Nachtplatz auf dem Felsen entlang. Müde kauerte sie sich schließlich in einer flachen Nische auf den unebenen Steinen hin und kramte aus ihrem Ledersack das Brot und den getrockneten Fisch, den ihr die Männer mitgegeben hatten.
Auch Olymp erhielt seinen Teil. Trotz des harten Lagers wurde Amintha langsam schläfrig und kuschelte sich an das weiche Fell ihres Hundes. Sie war fast eingeschlafen, als Olymp plötzlich seine Ohren aufrichtete und mit gesträubtem Nackenfell zu knurren begann. Amintha folgte seinem Blick und glaubte in der Ferne ein schwaches Licht zu erkennen. Schon einmal war Amintha am Nachtlager von Fremden freundlich aufgenommen worden. Und diesmal hatte sie ja Olympos bei sich, der sie durch seine Wachsamkeit auf das mögliche Lager erst aufmerksam gemacht hatte. Amintha schlang einen Strick um den Hals des Hundes und stolperte, so gut es im Dunklen möglich war, den Hang hinauf auf das kleine Licht zu. Der Mond war bereits aufgegangen und trat hinter einer dunklen Wolke hervor. Mit seinem matten Licht beleuchtete er die Felsen vor ihr. Wie angewurzelt blieb Amintha stehen und starrte auf die unheimlichen Gestalten, die im bleichen Licht urplötzlich vor ihr aufgetaucht waren: Kentauren! Sie standen nur wenige Schritte vor ihr, überlebensgroß, mit wilden Gesichtern, unbeweglich!
Amintha stieß einen Schrei aus, stürzte blindlings davon und verlor dabei ihren Lederbeutel. Nur weg von diesen Gestalten! In großen Sprüngen rannte sie den Abhang hinunter, immer mit dem Gefühl, hinter sich schon die galoppierenden Hufe der Menschenfresser zu hören.
Es war nicht mehr möglich zu bremsen, als sich ihr plötzlich eine schattenhafte Gestalt in den Weg stellte. Mit voller Wucht riss sie den Unbekannten um und rutschte mit ihm zusammen den Hang hinunter. Wie

betäubt lag sie am Boden, aber bevor sie sich noch aufrichten konnte, wurde sie gepackt, ihr Kopf wurde in den Sand gedrückt und ihre Arme nach hinten gebogen. Verzweifelt trat sie um sich und versuchte, sich zu befreien. Ihr Angreifer war viel stärker als sie, riss sie hoch und zwang sie, vor ihm herzugehen, während er ihr die Arme schmerzhaft auf den Rücken drehte. Olymps Beschützerinstinkte waren bei Weitem nicht so gut ausgebildet, wie Amintha es sich jetzt gewünscht hätte. Statt ihr zur Hilfe zu kommen, umtanzte er das Geschehen freudig bellend. Offenbar hatte er überhaupt nicht gemerkt, dass seine Herrin in Gefahr war!

Amintha wurde von ihrem Bezwinger zu einem Haus geschleppt, das zwischen Pinien verborgen weit unterhalb der Stelle lag, wo sie die Kentauren gesehen hatte. Am Eingang ließ er sie endlich los und stieß sie in einen durch mehrere Lampen erhellten Raum. Dort saßen auf niedrigen Ruhebänken drei vornehm gekleidete junge Leute, die Amintha und ihren Begleiter überrascht anstarrten.

„Was tust du denn mit dem Mädchen?“, rief einer entrüstet.

„Mädchen? Wieso Mädchen?“, hörte Amintha eine erstaunte Stimme hinter sich.

Sie drehte sich um. Hinter ihr stand ein Junge mit wirrem blonden Haar, zerrissenem Hemd und einer blutenden Wunde an der Schläfe. Er blickte völlig fassungslos auf Amintha, während sein Gesicht vor Verlegenheit glutrot anlief.

„Du, du bist ja.... ein Mädchen! Aber wieso bist du denn wie ein räuberischer Angreifer am Berg auf mich losgestürzt und hast mich so brutal überfallen?“

Amintha konnte fast alles verstehen, was er sagte, auch wenn manche Worte ein wenig anders klangen, als sie es von den Andriden gewohnt war. Aber darüber dachte sie jetzt nicht weiter nach.

„Wieso überfallen? Du hast mich....“

Plötzlich erinnerte sie sich an die Kentauren. „Wo sind Kentauren? Sie wollten mich töten und...“

Schallendes Gelächter erfüllte auf einmal den Raum. „Sie hat offenbar geglaubt, die Statuen würden leben!“, lachte der Junge, der sie hierher geschleppt hatte, wobei er sich das Blut von der Stirn tupfte.

Amintha hätte vor Scham in den Boden sinken können! Sie war in Panik vor einfachen Statuen, die nur vom Mondlicht in so bedrohliche und unheimliche Gestalten verwandelt worden waren, geflüchtet, und hatte dann noch diesen Burschen, der offensichtlich mit seinen Freunden hier wohnte, umgerissen und den Hang hinuntergeschleift!

„Ich...“ Es tut mir leid, wollte sie sagen, aber diese Worte hatte sie während ihrer Schiffsreise nicht gelernt. Mühsam fuhr sie fort und sagte so würdig wie möglich:

„Ich nicht dich wollen überfallen. Ich suche Sonnengott. Ich will nach Pylos.“

Auf einmal war es ganz still.

„Pylos“, wiederholte dann einer der Jungen. „Hat sie gerade Pylos gesagt? Und dass sie zum Sonnengott will? Wer kann sie wohl sein? Und woher kennt sie Pylos?“
Ein wenig später saß Amintha auf einer der Ruhebänke, Olymp zu ihren Füßen. Die jungen Männer hatten ihr eine Schüssel mit Wasser und ein Tuch gebracht. Sie hatte den Schmutz und die Schürfwunden, die sie sich bei ihrem Sturz eingehandelt hatte, so gut wie möglich gereinigt und hielt nun eine Schale mit Wein in der Hand. Die Jungen saßen voller Spannung um sie herum, denn sie hätten nur zu gerne gewusst, was es mit diesem merkwürdigen Mädchen auf sich hatte. Das goldene Diadem, das bei dem Handgemenge halb abgerissen war, hatte Amintha wieder auf ihrer Stirn befestigt und auch die wirren Haare so gut es ging wieder glatt gestrichen.
Sie blickte die vornehm gekleideten Jugendlichen so würdig wie möglich an. Es war wichtig, von vorneherein klarzustellten, dass sie keine hergelaufene Vagabundin, sondern eine Götterbotin war, auch wenn sie jetzt etwas verkommen wirkte und sich bei ihrer Flucht vor den Kentauren nicht gerade mit Ruhm bedeckt hatte.
„Sagt mir wo bin ich?“, fragte sie als allererstes.
„Oh, du bist hier im Gästehaus des Kentaurentempels. Wir selber genießen die Gastfreundschaft der Magier nur für diese Nacht und wollen morgen nach Pylos weiterreisen.“
„Pylos?“, rief Amintha erstaunt. „Ihr wirklich wollt reisen Pylos?“
„Ja, ich bin Harpalias, der Sohn des Warnax, des Herrschers von Pylos“, sagte der älteste Junge. Er trug eine reich bestickte, dunkelrote Tunika, und seine dunklen, geölten Haare waren wie bei den anderen Jungen in viele kleine Zöpfe geflochten, die mit goldenen Spiraldrähten umwunden waren. Kinn und Wangen bedeckte ein erster dunkler Bartflaum.
„Das sind meine jüngeren Brüder Trasimedes und Kelades und dieser wachsame Freund“, damit deutete er auf den blonden Jungen, der Amintha überwältigt hatte, „ist Epulon, Sohn des König Nebres, der wie ein Bruder bei uns lebt.“
„Ich bin Amintha, Tochter des Astis, des Herrschers von Panwati, das weit fort von hier im Norden liegt. Bin Bote der Götter. Muss finden in Pylos Sonnengott.“
„Aber es gibt doch keinen Sonnengott in Pylos!“, rief Kelades der jüngs-

te der Brüder, den Amintha auf etwa zehn Jahre schätzte.
Wie gelähmt starrte Amintha auf den Mund des Kleinen. Welches böse Spiel trieb der Sonnengott mit ihr? Gerade noch hatte sie an eine gütige und führende Hand geglaubt, die sie hierher in das Haus der Jünglinge geführt hatte. Schließlich waren diese Jünglinge auf dem Weg nach Pylos, ihrem Reiseziel. Und schon bohrte er ihr wieder den Stachel der Verzweiflung und Hoffnungslosigkeit ins Herz.
„Keinen Sonnengott?“, wiederholte Amintha tonlos, nachdem sie sich ein wenig gefangen hatte. „Aber Magier auf Olympos, Thron der Götter, sie sagten…“
„In Pylos befindet sich das berühmteste Heiligtum für den Herrn des Lichts“, mischte sich nun Trasimedes ein. „Der Obermagier dieses Heiligtums ist der einzige, der dort an bestimmten Festen mit dem Gott Kontakt aufnehmen kann. Vielleicht ist er der Sonnengott, den du suchst, auch wenn wir ihn den Gott des Lichts nennen.“
Neue Hoffnung keimte in Amintha auf. Sollte ihre Enttäuschung nur einem Missverständnis über den Namen der Gottheit entsprungen sein?
„Er kann mit Sonnengott reden?“, fragte Amintha in beschwörendem Tonfall nochmals nach.
„Ja das kann er, und er gibt auch Botschaften des Gottes an die Menschen weiter.“
„Dann ich muss nach Pylos!“, rief Amintha energisch.
„Nun, du bist herzlich dazu eingeladen, Tochter des Astis“, sagte Harpalias und lächelte sie ein wenig ironisch an.
„Oh, das ist…“, wieder fehlten Amintha die Worte, aber Harpalias schien zu spüren, dass sie sich bedanken wollte.
Er ergriff eine Schale und bot ihr kleine, glänzend schwarze Früchte an, wie sie sie bislang noch nie gesehen hatte. Neugierig nahm sie sich eine der Kugeln. Wie süß sie wohl schmeckten?“
Gleich darauf spuckte sie das Ding zum Erstaunen ihrer Gefährten in hohem Bogen wieder aus.
„Nicht süß!“, stammelte sie und die Jungen brachen erneut in lautes Gelächter aus.
„Wieso auch süß? Wer sagt denn, dass Oliven süß sein müssen?“, rief Kelades.
Vorsichtig nahm Amintha noch eine von diesen – Oliven. Eigentlich

schmeckten sie gar nicht schlecht, vor allem, wenn man darauf gefasst war, dass es sich nicht um eine Frucht, sondern um etwas anderes handelte.

Langsam gewann sie ihre Ruhe und Zuversicht wieder. Sie setzte sich bequemer zurecht und versuchte so gut es ging, in der fremden Sprache ihre Geschichte zu erzählen. Für vieles fehlten ihr natürlich die Worte. Ihre bereits erprobte Methode, mit Holzkohle die Dinge, deren Namen sie nicht kannte auf die Bodenplatten zu zeichnen, half ihr auch diesmal bei ihrer Erzählung weiter. Die Jungen erfuhren, dass es in ihrer Heimat immer geregnet hatte, dass der Sonnengott fortgezogen und sie deshalb auserwählt worden war, ihn zurückzuholen. Sie erfuhren von ihrer Flussreise bis nach Amydon, von ihrem Aufstieg auf den Olympos und wie sie schließlich hierher gekommen war.

Auch die Jungen begannen zu erzählen. Harpalias als künftiger Nachfolger seines Vaters, war mit einer Eskorte von Kriegern auf Reisen geschickt worden, um befreundete Herrscher zu besuchen und ihnen Geschenke zu bringen. Seine jüngeren Brüder hatten ihn begleitet ebenso wie Epulon, der am Hof von Pylos lebte. Er stammte angeblich wie sie weit aus dem Norden von einem Ort an der Meeresküste. Als er versuchte, mit Amintha in seiner Muttersprache zu reden, verstand sie allerdings kein einziges Wort.

Die Jungen waren zuletzt im Palast von Jolkos gewesen und befanden sich nun, reich versehen mit Geschenken für den Herrscher von Pylos, mit ihrem Gefolge auf dem Heimweg.

Wie die königlichen Reisenden durfte auch Amintha diese Nacht im Gästehaus der Kentaurenmagier verbringen. Harpalias hatte einen Diener herbeigewinkt, der auf seinen Befehl hin ein wunderschönes dunkelblaues Gewand brachte, das Amintha fast bis zu den Knien reichte und das mit einem goldverzierten Gürtel zusammengehalten wurde. Amintha war froh, ihre zerrissene und schmutzige Kleidung gegen dieses herrliche Gewand eintauschen zu können.

„Dieses Hemd ist zwar für einen Mann gewebt worden, aber wenn wir erst in Pylos sind, wirst du Kleider von unseren Schwestern bekommen“, versprach ihr Trasimedes, dem das fremde Mädchen sehr gut gefiel. „Und für die Reise zu Pferd ist dieses Hemd viel praktischer“, mischte sich Kelades ein.

Plötzlich fiel Amintha ihr Ledersack mit der Opfergabe für den Sonnengott ein. Ohne ihre Geschenke brauchte sie die Reise gar nicht erst fortzusetzen. Verzweifelt sprang sie auf.
„Mein Ledersack liegt bei Kentauren. Ich ihn muss holen", erklärte sie den Jungen.
Aber Amintha wurde von ihnen zurückgehalten und stattdessen ein Diener mit einer Fackel losgeschickt, um das verlorene Gepäck zu suchen. Kurze Zeit später brachte er Amintha den verlorenen Beutel, und sie stellte erleichtert fest, dass ihre Kostbarkeiten keinen Schaden genommen hatten. Sie zeigte den Jungen die Zaubertafel. Das Geschenk für den Sonnengott, die herrliche Bernsteinschale, hielt sie freilich geheim.
„Wir kennen solche Tafeln", meinte Harpalias. „In Pylos gibt es ein ganzes Haus, wo solche Tafeln aufbewahrt werden. Aber Lesen können wir sie nicht."
Ein Diener wurde losgeschickt, um den Erzieher der Jungen zu holen, der mit ihnen reiste. Der alte Mann musterte Amintha aufmerksam, als die jungen Herrschersöhne ihn mit dem Mädchen bekannt machten und von ihren Abenteuern berichteten. Dann nahm er die Tafel und rezitierte in seiner Sprache ohne Schwierigkeiten die Worte, die Halfgar ihr damals in Amydon übersetzt hatte. Es stimmte also, die Zaubertafel konnte tatsächlich „sprechen". Nun war selbst Epulon, der Aminthas Geschichte bisher noch etwas ungläubig aufgenommen hatte, von der Wahrheit ihrer Erzählung überzeugt.

19

Voller Annehmlichkeiten und ohne Mühsal verlief die Reise nun, nachdem Amintha als Gast in die königliche Delegation aufgenommen worden war! Es begann gleich am Morgen, als den Söhnen des Warnax, Epulon und ihr ein köstliches Mal serviert wurde. Sogar Olymp bekam eine Schale mit erlesenem Fleisch, das er laut schmatzend mit Begeisterung verschlang.
Nach dem Essen ging ein Diener mit einer Wasserschale herum, in der

sie ihre Hände reinigen konnten. Und während das Gefolge die Packtiere belud und alles reisefertig machte, führten die Jungen Amintha nochmals zum „Ort des Schreckens“, wo sie am Vorabend so in Panik geraten war.
Bei Tageslicht wirkten die Kentauren überhaupt nicht mehr unheimlich. Es waren drei große, bunt bemalte Holzfiguren. Vom Kopf bis zur Hüfte glichen sie menschlichen Wesen, aber die Körper entsprachen Pferden mit Hufen und einem langen Schweif. Eine der Figuren hielt eine Tontafel und einen Schreibgriffel in den Händen.
„Er machen Zauberzeichen?“, fragte Amintha erstaunt.
„Ja, dies soll zeigen, welch großes Wissen die Kentauren haben. Angeblich haben sie diese Zeichen erfunden.“
„Kentauren fressen nicht Menschen?“
„Oh nein, das ist ein dummes Gerücht. Die Kentauren sind sogar bemüht, den Menschen zu helfen und ihnen ihre großen Kenntnisse zu vermitteln. Sichtbar sind die Kentauren aber nur für die Magier. Im Bereich des Kentaurentempels steht eine große Halle, in der die Magier das Wissen der Kentauren an ausgewählte Knaben weitervermitteln.“
Amintha musste an den Schreiber des Pyraichmes in Amydon denken, der die Zaubertafel für sie hergestellt hatte. Ob er wohl seine Kunst hier in diesem Tempel gelernt hatte?
Leider blieb keine Zeit, die Tempelanlage näher kennenzulernen, denn der Anführer der Eskorte, die die Delegation begleitete, mahnte zum Aufbruch.
Amintha wurde ein wunderschönes cremefarbenes Pferd mit weißer Mähne und weißem Schweif als Reittier angeboten. Auch die Jungen waren beritten ebenso wie ihr Erzieher, der sich ein wenig hinter ihnen hielt. Ein paar bewaffnete Männer ritten voran, dann folgten die Fürstensöhne und schließlich der Tross der Diener mit ihren Packpferden. Den Schluss bildeten wiederum mehrere Krieger.
Olymp war der einzige, der sich nicht an die Marschordnung hielt. Er war mehr oder weniger überall, aber keiner nahm Anstoß an dem jungen Molosserhund. Amintha bezweifelte, dass er jemals ein richtiger Kampfhund werden würde. Vermutlich hielt er sich immer noch für ein Schaf, freilich ein fleischfressendes, denn er tat alles, um den Dienern leckere Häppchen abzuschmeicheln.

Wegen der vielen Menschen und Packtiere ging die Reise nur langsam voran, aber Amintha war es keine Minute langweilig. Gelegentlich galoppierte sie zusammen mit den Jungen und einigen Bewachern voran und genoss die Schnelligkeit, die ihre kleine Falbstute entwickelte. Außerdem war sie, wie schon all die Wochen vorher, mal wieder intensiv mit Lernen beschäftigt. Die Sprache der Pyloten war derjenigen der Andriden sehr ähnlich, auch wenn manche Worte viel weicher ausgesprochen wurden. Sie lernte schnell und konnte sich immer besser mit den Jungen verständigen. Das hatte sie in erster Linie Ambyros, dem Lehrer der Fürstensöhne, zu verdanken. Er war der einzige, der sie verbesserte, wenn sie etwas nicht richtig aussprach, denn allen anderen genügte es, sie irgendwie verstehen zu können. Stundenlang ritt sie neben dem Alten her und wiederholte unermüdlich, was er ihr beibrachte.
„Ich kann wirklich nicht verstehen, warum du so begeistert von Ambyros bist“, meinte Kelades einmal, als sie wieder den ganzen Vormittag an Ambyros Seite verbracht hatte. „Ich kann dir gar nicht sagen, wie froh ich war, auf diese Reise mitzudürfen, um dem elenden Unterricht wenigstens etwas zu entgehen, denn zu Hause quält er mich fast täglich. Aber ich habe eine Idee: Wenn du eines Tages wieder nach Hause reisen wirst, erhältst du ihn als Geschenk. Dann bin ich ihn los und du kannst dich so lange von ihm unterrichten lassen, bis du klüger bist als alle Kentauren!“
Amintha lachte. Sie konnte sich kaum vorstellen, dass sich der kultivierte Ambyros in ihrem kalten Panwati wohlfühlen würde. Aber solange sie die Chance hatte, von ihm etwas zu lernen, wollte sie diese nutzen!
Von Ambyros erfuhr sie zum Beispiel, dass, ganz ähnlich wie im Norden, auch die meerumschlungenen südlichen Länder und die vielen Inseln von verschiedenen Kleinkönigen regiert wurden. Eine Vielzahl von ihnen war miteinander verbündet oder versuchte doch, freundschaftlichen Kontakt zueinander aufrechtzuerhalten und sich im Kriegsfall gegenseitig zu Hilfe zu kommen. Aber einige waren auch verfeindet, sodass die Soldaten, die sie nun begleiteten, nicht nur eine Ehreneskorte, sondern auch einen tatsächlichen Schutz darstellten.
Ambyros erzählte ihr auch etwas über die Religion der Südvölker. Neben Gottheiten, die nur in bestimmten Gegenden angebetet wurden,

gab es auch Götter, die alle verehrten. Den Kentaurenkult gab es beispielsweise nur in der bergigen Gegend rund um Jolkos, den Herrn des Lichts verehrten sie dagegen alle, und viele reisten extra nach Pylos, um am Altar des Gottes zu beten und Opfer darzubringen.
„Das werde ich auch tun! Ich werde ihn anflehen, uns Völkern im Norden wieder gnädig zu sein. Nur wenn er uns wieder seine Wärme und Kraft schenkt, kommen die guten Zeiten zurück!"
Ambyros war sehr daran interessiert, von Aminthas Heimat zu hören. Und sie erzählte gerne von zu Hause, denn auch wenn sie sehr froh darüber war, das Ziel ihrer Reise nun bald erreicht zu haben, war das Gefühl von Heimweh nie ganz aus ihrem Herzen gewichen. Sie erzählte, wie es früher in Panwati gewesen war, damals, als ihre Mutter noch lebte, als reiche Ernten eingefahren wurden, als ganze Karawanen hoch beladener Lasttiere und Wagen durchs Tor strömten und die Händler ihre Waren anpriesen. Sie erzählte aber auch von ihren Reisen, den Wochen mit den Bernsteinleuten, dem Aufenthalt in Amydon und ihrem Besuch auf dem Olympos.
Manchmal lenkte Epulon sein Pferd neben Ambyros und hörte schweigend zu, wenn Amintha erzählte. Seine Stirnwunde war inzwischen fast verheilt, aber immer noch schien es ihm peinlich zu sein, wie er sie damals beim Tempel der Kentauren behandelt hatte. Dabei hatte er ja nun wirklich nichts dafür gekonnt, dass Amintha ihn in ihrer Panik umgerissen hatte.
Mehrmals versuchte Amintha, ihn in das Gespräch zu ziehen, aber er blieb scheu und verschlossen und wich ihren Fragen meistens aus. So ganz hatte sie noch nicht verstanden, warum er sich in Pylos aufhielt. Ob er wohl auch irgendwann wieder nach Norden reisen und in seine Heimat zurückkehren würde?

Seit mehreren Tagen hatte sie ihr Weg über enge Pfade immer höher in die Berge geführt. Nun sahen sie aus großer Höhe wieder das Meer vor sich, das hier kaum breiter als ein großer Fluss war, denn im grauen Dunst war in der Ferne bereits ein neuer Küstenstreifen zu erkennen. Mühsam stieg der Zug aus Reitern, Läufern und Lasttieren die Hänge wieder hinab zur Küste. Dann ging es entlang des Meeresarmes immer weiter in Richtung Westen. Schließlich kamen sie an eine Stelle, an der

die benachbarte Küste so nahe schien, dass Amintha sich getraut hätte, über die Meerenge zu schwimmen. Hier hatte ein Vortrupp ihrer Eskorte einige Fischer mit ihren Kähnen aufgetrieben. Menschen, Pferde und Gepäck wurden auf die Boote verladen und nach und nach über die Meerenge gerudert.
Das Unternehmen nahm einen ganzen Tag in Anspruch, denn es war gar nicht so einfach, die Pferde an Bord zu bringen und während der Überfahrt ruhig zu halten. Aber der einzige, der ins Wasser fiel, war natürlich wieder mal Olymp, der aber inzwischen groß genug war, um selber bis ans rettende Ufer zu schwimmen.
Während sie am jenseitigen Ufer darauf warteten, dass auch die letzten Tiere und Begleiter übergesetzt wurden, fiel Aminthas Blick auf Epulon. Er war auf einen Felsvorsprung geklettert und blickte angestrengt nach Nordwesten, dorthin, wo die Meerenge sich in das große Westmeer ausweitete. Es war dasselbe Meer, über das Halfgar und die Bernsteinhändler wieder nach Norden hatten reisen wollten. Vermutlich führte dort auch der Seeweg nach Monkodun, der Heimat von Epulon. Amintha schlenderte zu ihm herüber und blickte von unten zu dem Felsen auf.
„Wie weit ist es von hier bis zu deiner Heimat?“, fragte sie den ganz in sich versunkenen Jungen.
Epulon fuhr zusammen. „Oh, sehr weit. Viele Tagereisen auf dem Meer, immer an der Küste entlang.“
„Und wann wirst du wieder nach Hause zurückkehren?“
„Ich weiß es nicht“, antwortete Epulon kurz und begann, von dem Felsen herunterzuklettern.
„Aber warum bist du überhaupt hier?“
„Du bist ja auch hier und wohnst sogar noch weiter im Norden als ich“, versuchte Epulon auszuweichen.
Amintha ließ nicht locker: „Ich habe ja schließlich einen Grund hier zu sein! Was ist los, bist du zu feige, um alleine die Reise nach Hause zu unternehmen?“, versuchte Amintha den Jungen zu reizen.
Wütend starrte Epulon sie an. „Wenn du es genau wissen willst, dann hör gut zu: Ich bin eine Geisel, deshalb bin ich hier. Und jetzt lass mich gefälligst in Ruhe!“
Abrupt drehte sich der Junge um und verschwand zwischen den Pferden, die gerade neu beladen wurden.

Eine Geisel? überlegte Amintha. Was konnte das sein? Epulon würde es ihr jedenfalls kaum erklären, dazu war er viel zu wütend gewesen.

Erst am nächsten Tag, als sie längs der Küste weiter nach Süden ritten, hatte sie Gelegenheit, Ambyros danach zu fragen. Erstaunt musterte der alte Lehrer das Mädchen.

„So hast du also dem Klatsch der Dienstboten zugehört", versuchte auch er auszuweichen.

„Nein!", rief Amintha entrüstet. „Ich habe mit Epulon gesprochen. Er sagte mir, er sei eine Geisel. Was meint er damit? Kann er nicht nach Hause zurückkehren, weil er eine Geisel ist?"

Ambyros seufzte. „Das ist nicht so einfach zu erklären. Aber ich denke, dass ich dir ruhig erzählen kann, warum Epulon bei uns ist. Wie du ja inzwischen weißt, ist der Warnax von Pylos ein mächtiger Mann. Seine Schiffe befahren das ganze westliche Meer bis hoch in den Norden, sogar bis nach Monkodun, der Burg von Epulons Vater Nebres. Nebres ist für uns ein wichtiger Verbündeter, denn in seinem Hafen und hinter den Mauern von Monkodun sind unsere Schiffe und Waren vor Piraten und anderen Feinden sicher. Als Gegenleistung für den Schutz, den er unseren Händlern und Schiffen gewährt, erhält Nebres viele Geschenke. Die Schiffe unserer Händler sind gefüllt mit wertvollen Waren, die sie nach Norden bringen, um sie dort gegen andere Kostbarkeiten einzutauschen. Aber damit dieses Bündnis möglichst lange hält, werden nicht nur Geschenke verteilt. König Nebres musste auch uns ein Pfand übergeben, mit dem die Gültigkeit unseres Abkommens besiegelt wurde. Nebres wählte seinen jüngeren Sohn Epulon aus, der fortan als Geisel in Pylos leben wird. Er wird hier seinem Rang gemäß behandelt und mit den anderen Fürstensöhnen unterrichtet. Aber sollte sein Vater jemals wortbrüchig werden, wird Epulon sterben."

Fassungslos starrte Amintha den Alten an. „Darf er also niemals in seine Heimat zurückkehren? Was ist denn, wenn sein Vater stirbt? Wird er dann nicht sein Nachfolger werden?"

„Nein, er hat ja noch einen älteren Bruder. Wenn dieser eines Tages der König von Monkodun sein wird, wird er uns eines seiner eigenen Kinder als Geisel nach Pylos senden. Dann kann Epulon in seine Heimat zurückkehren, aber das wird wohl erst in vielen Jahren geschehen.

Vielleicht will Epulon dann gar nicht mehr in seine Heimat zurück. Das Leben in Pylos ist für ihn nicht das schlechteste, denn wie du siehst, wird er genauso zuvorkommend und standesgemäß behandelt wie die leibhaftigen Söhne des Warnax."
„Aber er sehnt sich sehr nach seiner Heimat, das habe ich deutlich gespürt!", wandte Amintha ein.
„Viele Menschen sehnen sich nach Dingen, die sie nicht erreichen könnten. Auch du wirst in deinem Leben noch oft erfahren müssen, dass vieles nicht so sein wird, wie du es dir wünschst. Weise ist derjenige, der sich in das Schicksal, das die Götter ihm bestimmt haben, fügt.", schloss Ambyros.
„Und erfolgreich ist der, der dafür kämpft, seine Ziele zu erreichen", murmelte Amintha in ihrer Muttersprache. Sie hielt es für besser, wenn Ambyros ihre Worte nicht verstand.

20

So sehr Amintha sich auch bemühte, nicht über Epulons Schicksal nachzudenken, so wenig gelang es ihr. Eigentlich ging sie das alles ja gar nichts an. Epulon hatte ihr deutlich genug zu verstehen gegeben, dass er von ihr in Ruhe gelassen werden wollte. Warum war sie nur so blöd gewesen, ihn zu verspotten? Warum hatte sie ihm nur vorgeworfen, zu feige zu sein, um alleine nach Hause zurückzukehren? Ganz offensichtlich sehnte er sich nach seiner Heimat, auch wenn es ihm hier sehr gut ging. Sie musste unbedingt nochmals mit ihm sprechen und ihm erklären, dass ihre unüberlegten Worte nur deshalb gefallen waren, weil sie einfach nicht gewusst hatte, wie es wirklich um ihn stand.
Aber es war gar nicht so einfach, mit Epulon alleine zu reden. Unterwegs ritt er zwischen den Prinzensöhnen, und wenn sie Rast machten, schien er ihr bewusst aus dem Weg zu gehen. Schon bald würden sie in Pylos sein, und Amintha wusste nicht, ob es dann noch möglich sein würde, ihn alleine zu sprechen.
Drei Tage nachdem sie die Meerenge überquert hatten, bot sich dann

doch eine Gelegenheit alleine mit Epulon zu sprechen. Es war schon spät am Abend, die Lagerfeuer waren niedergebrannt und der kleine Keladon hatte sich bereits zum Schlafen in das Zelt der Prinzen zurückgezogen. Nun erhob sich auch Epulon, aber Amintha sah, dass er nicht zu den Zelten ging, sondern zu dem Platz, wo die Pferde und die anderen Tragtiere grasten. Epulons Pferd war von einer Stute, die sich den vorwitzigen jungen Hengst vom Leibe halten wollte, beim Auskeilen über dem Auge verletzt worden. Der Pferdehirt hatte eine Salbe auf die Wunde gestrichen, aber Epulon wollte sich selbst davon überzeugen, dass mit dem Pferd, das er sehr schätzte, alles in Ordnung war.
Amintha erhob sich, gähnte und tat so, als würde sie zu ihrem Zelt gehen. Sowie die spärlich vom Mondlicht beleuchtete Nacht abseits des Feuers sie vollständig umfangen hatte und sie außer Sicht der anderen war, schlug sie einen Bogen um das Lager und näherte sich der grasenden Herde von der anderen Seite. Die Tiere ließen sich durch ihr plötzliches Auftauchen nicht aus der Ruhe bringen. Sie musste sich regelrecht zwischen ihnen hindurcharbeiten, bis sie schließlich Epulon erblickte, der seinem Hengst den Kopf kraulte und ihn mit einem Brocken Brot verwöhnte.
„Epulon!“, rief sie leise.
Unwillig fuhr er herum und starrte in ihre Richtung.
„Amintha? Was ist los? Was machst du hier bei den Tieren?“
„Ich musste dich nochmals sprechen“, begann sie verlegen. „Wegen neulich. Also, ich wollte dich nicht beleidigen. Ich wusste ja nicht, dass du gar nicht nach Hause zurückkehren kannst. Es tut mir wirklich leid.“
Epulon drehte ihr wieder den Rücken zu und beschäftigte sich scheinbar konzentriert damit, Halme aus der Mähne seines Pferdes zu zupfen.
„Ist schon gut“, murmelte er. „War ja auch nicht weiter schlimm.“
„Aber Epulon, sie können dich doch nicht einfach hier festhalten!“, rief Amintha aufgeregt. „Du bist doch schließlich kein Gefangener! Sie würden dich sicher ziehen lassen, wenn du darauf beständest.“
„Aber wie sollte ich meinem Vater je wieder unter die Augen treten? Er hat mich doch selbst als Bürge nach Pylos geschickt. Selbst wenn die Pyloten mich gehen ließen, nach Monkodun kann ich dann nie mehr zurück!“
„Nun, wenn das so ist“, überlegte Amintha, und streichelte den Kopf

des Pferdes, das über so viel unverhoffte Aufmerksamkeit recht erfreut zu sein schien, „kannst du dann nicht einfach Monkodun vergessen und hier eine neue Heimat finden?“

„Das ist leicht gesagt!“, Epulon lachte bitter. „Wer bin ich hier denn schon? Ein lästiges Anhängsel! Sicher, ich werde sehr gut behandelt, und die Prinzen sind fast wie Brüder für mich. Aber eines Tages wird Harpalias Herrscher sein, und Trasimedes und Keladon werden ebenfalls wichtige Führungsaufgaben übernehmen. Ich aber werde hier für immer der Fremdling bleiben. Sollte mein Vater oder in seiner Nachfolge mein älterer Bruder jemals wortbrüchig werden, wird man nicht lange zögern, mich zu töten, um sich für den Vertragsbruch zu rächen.“

Epulon klopfte dem Pferd nochmals den Hals und wandte sich dann zum Gehen.

„Amintha, ich möchte, dass du weißt, wie sehr ich es schätze, dass du dich so für mein Schicksal interessierst. Deine unbedachten Worte habe ich dir längst vergeben. Es ist wirklich schade, dass wir uns in Zukunft nur noch selten sehen!“

„Wieso selten sehen?“, fragte Amintha und schlenderte neben ihm her in Richtung Lager. „Ich werde voraussichtlich noch den Winter über in Pylos bleiben, auch wenn meine Aufgabe erfüllt sein wird.“

„Das mag ja sein, aber glaube bloß nicht, dass wir uns dort so einfach sehen können. Die Frauen und jungen Mädchen des Palasts haben ihre eigenen Wohnbereiche und kommen kaum mit den Männern zusammen. Auch du wirst dich nach den dortigen Gepflogenheiten richten müssen.“

Hatte Amintha sich bislang auf die Ankunft in Pylos und das Ende ihrer Botenschaft gefreut, so sah sie nach Epulons Worten dem Ende ihrer Reise mit gemischten Gefühlen entgegen. Harpalias hatte ihr zwar versprochen, dass sie ihr Anliegen den Magiern des Sonnengottes würde vortragen können, aber würden diese ihr wirklich helfen können? Und wie würde es ihr gelingen, wieder nach Panwati zurückzukehren? Mehr als ein halbes Jahr war sie jetzt unterwegs. Nur durch die Hilfe der Bernsteinleute, der Andriden und der Pyloten war es ihr gelungen, ihr Ziel zu erreichen. Wie sollte sie es bloß schaffen, über das Meer wieder nach Norden und weiter über Land bis nach Panwati zu gelangen?

Doch die Erinnerung an die Schwierigkeiten, die sie bereits gemeistert hatte, um bis hierher zu gelangen, an die vielen Gefahren, denen sie unbeschadet entkommen war, machten ihr auch Mut. Es konnte eigentlich keinen Zweifel geben, dass die Göttin von Panwati sie tatsächlich die ganze Zeit beschützt hatte. Und sie würde dies sicher auch weiterhin tun. Schließlich hatten die Magier bei ihrem Aufbruch auch geweissagt, dass sie nach Hause zurückkehren würde!

Der Tag war gekommen, an dem sie Pylos erreichen sollten. Schon früh am Morgen herrschte große Geschäftigkeit im Lager. Seit geraumer Zeit war es stetig kälter und die Tage immer kürzer geworden. In der letzten Nacht hatte es stark geregnet, und der im Sommer völlig ausgetrocknete Boden hatte die Feuchtigkeit gierig aufgenommen. Seit dem frühen Morgen schien wieder die Sonne, und überall sprossen winzige Blumen. Die Pferde wurden geputzt und ihr Fell mit öligen Lappen geglättet, bis es glänzte. Das Zaumzeug wurde mit bunten Bändern und Blumen geschmückt. Auch die Prinzen trugen ihre schönsten Kleider, und die Goldringe, die in ihre Haare eingeflochten waren, schimmerten im Sonnenlicht.
Amintha hatte das goldene Diadem auf ihrer Stirn mit einem bunten, gewebten Band befestigt. Die Haare hatte sie hochgesteckt und ebenfalls mit einem bunten Band umwunden. Voller gespannter Erwartung ritt sie hinter den Prinzen auf einem breiten Weg, der von der Ebene ins Hügelland führte, entlang.
Ein lauter und heller Ausruf von einem der Soldaten, die dem Zug voranritten, weckte die Aufmerksamkeit der Reisenden. Ein erregtes Stimmengewirr erhob sich unter den Prinzen und ihren Begleitern. Eine Reitergruppe kam im gestreckten Galopp auf sie zugestürmt. Es war das Empfangskomitee, denn längst hatten Vorreiter die Bewohner von Pylos über die baldige Ankunft der Prinzen informiert. Der Anführer des Trupps begrüßte Harpalias ehrfürchtig, dann reihte sich die Schar in den Zug ein, und gemeinsam ritten sie in Pylos ein.
Die Festung lag auf einem Hügel, von dem aus man weit über die Ebene bis zum westlichen Meer blicken konnte. Eine Mauer aus riesigen Steinquadern umgab den Ort, der sich längst mit zahlreichen großen und kleinen Lehmziegelhäusern mit weiß getünchten Wänden auch auf die Region außerhalb der Mauern ausgedehnt hatte.

Durch ein hohes Tor zogen die Prinzen und ihr Gefolge ins Innere der Festung. Diener liefen herbei, hielten die Pferde und halfen den Prinzen beim Absteigen. Amintha war ebenfalls ein Junge beim Absteigen behilflich, doch während die Prinzen, Epulon und Ambyros auf das Tor eines mehrstöckigen bunt bemalten Gebäudes zuschritten, führte der Junge Amintha durch einen gepflegten Garten um das große Gebäude herum bis zu einem Seiteneingang, der von einem Bewaffneten bewacht wurde.
Durch den Eingang gelangten sie in einen großen Hof mit einem Wasserbecken in der Mitte. Auf niedrigen Bänken saßen mehrere bunt gekleidete Frauen und Mädchen, die sie neugierig betrachteten. Kleinere Kinder spielten auf dem Boden oder planschten am Rande des Beckens.
Verlegen blickte Amintha um sich. Gleich darauf kamen zwei Frauen auf sie zu, begrüßten sie und geleiteten sie durch eine hohe Tür in einen Raum, dessen Wände mit gewebten Tüchern bedeckt waren. Hier saß auf einem Thron eine vornehm gekleidete ältere Frau. Ihr graues Haar war mit vielen goldenen Ringen verziert, auch an den Fingern und Armen trug sie Goldschmuck. Neben ihr standen zwei ebenfalls reich geschmückte Mädchen, von denen das eine Keladon sehr ähnlich sah.
„Das müssen die Gattin des Warnax und die Schwestern der Prinzen sein", ging es Amintha durch den Kopf. In einer fließenden Bewegung ging sie in die Hocke und berührte mit ihrer Stirn kurz den Boden. Diese Begrüßung höhergestellter Personen hatte sie von klein auf gelernt, freilich noch nicht sehr häufig anwenden müssen.
Als sie sich wieder aufrichtete, sah sie, dass die ältere Frau sie anlächelte.
„Willkommen in Pylos, Tochter des Astis", wurde Amintha begrüßt. „Schon vor einigen Tagen berichtete uns ein Bote meines Sohnes Harpalias, dass du dich in seiner Begleitung befändest. Wir wissen auch, welche wichtige Aufgabe du mit deiner Reise erfüllen musst. Du sollst meine Unterstützung für dein Vorhaben erhalten. Aber zuerst ruhe dich aus und lebe dich in unserem Haushalt ein."

21

Eine innerer Unruhe und Ungeduld hatte sich in den letzten Tagen in Amintha breit gemacht. Seit geraumer Zeit befand sie sich nun in Pylos. Sie war mit aller Freundlichkeit von der Königin und ihrem Hofstaat aufgenommen worden. Auch die beiden Schwestern der Prinzen, Nelis und Agaue, die wesentlich jünger als Amintha waren, behandelten sie wie eine Freundin. Nelis war die Zwillingsschwester von Keladon. Agaue war erst etwa acht Jahre alt.
Wie Epulon es schon angekündigt hatte, lebten die Frauen weitgehend von den Männern getrennt. Amintha hatte den Warnax, den Herrscher von Pylos, noch nie erblickt und weder die Prinzen, noch Epulon oder Ambyros seit ihrer Ankunft wiedergesehen. Auch Olymp war nicht mehr bei ihr. Auf ihre Fragen erfuhr sie zwar, Epulon würde sich um ihn kümmern und ihn sogar zur Jagd mitnehmen, aber man machte ihr gleichzeitig klar, dass es unschicklich sei, einen Hund ins Haus zu lassen und schon gar nicht in die Gemächer eines Frauenhauses.
Der Palast der Frauen grenzte unmittelbar an den der Männer. Aber die einzige Tür, die die beiden Teile miteinander verband, war Tag und Nacht von einem Soldaten bewacht. Die Frauen, die Mädchen und die kleineren Kinder hielten sich zumeist in den Räumen oder dem Hof auf. Manchmal spazierten sie auch durch die Gärten, die den Palast umgaben, aber immer wurden sie von Bewaffneten eskortiert.
Amintha fühlte sich wie ein Vogel in einem goldenen Käfig. Auf ihrer langen Reise hatte sie gelernt, eigene Entscheidungen zu treffen und war in ihrem Handeln völlig frei gewesen. Jetzt spürte sie, wie sehr sie diese Freiheit vermisste, aber sie wusste auch, dass sie ihre Gastgeber auf keinen Fall verärgern durfte. Zwei Tage nach ihrer Ankunft war ein Magier des Sonnengottes erschienen und hatte ihre Tafel mit den geheimnisvollen Zeichen ehrfürchtig entgegengenommen. Nun aber war seit vielen Tagen nichts mehr geschehen. Zweimal hatte sie vorsichtig gefragt, wann sie die Gelegenheit bekommen würde, den Tempel des Sonnengottes zu betreten. Jedes Mal hatte man ihr freundlich aber bestimmt gesagt, dass die Zeit noch nicht reif sei.
In der Zwischenzeit hatte sie durch vorsichtiges Fragen und behutsame Gespräche mit den Bewohnerinnen des Frauenpalastes einiges über den

Kult des Sonnengottes in Erfahrung bringen können. Sein Heiligtum lag außerhalb der Festung auf einem Berg, der weit über die Ebene hinausragte. Dort sollten in einem Halbkreis viele Säulen aufgestellt sein. Von einem Felsen im Inneren der Anlage blickten am Abend die Magier auf diese Säulen und beobachteten, an welcher Stelle die Sonne im Meer versank. Denn niemals, so hieß es, nahm der Sonnengott auf seiner nächtlichen Reise durch die Unterwelt den gleichen Weg. Im Sommer, wenn seine Reise über den Himmel besonders lange dauerte, versank die rote Sonnenscheibe erst spät am Abend fast im Norden. Die am weitesten rechts aufgestellt Säule des Heiligtums markierte diesen Punkt. Im Winter dagegen, wenn die Sonne nur wenige Stunden in der Welt der Menschen weilte, trat der Sonnenwagen, in dem der Lichtgott über den Himmel reiste, seine nächtliche Reise schon sehr früh und fast im Süden, im Bereich der ganz links aufgestellten Säule an.

„Je kürzer der Sonnengott auf der Erde weilt, umso weniger bewegen ihn die Schicksale der Menschen“, erfuhr Amintha von einer alten Frau, die zum Hofstaat gehörte und die wegen ihrer Weisheit von allen sehr geachtet wurde. „Er würde deine Bitten jetzt nicht erhören, denn bald kommt der Tag, an dem sein Aufenthalt in unserer Welt am kürzesten sein wird. Es muss deshalb der Zeitpunkt abgewartet werden, bis dieser Tag überschritten ist. Erst danach erwacht sein Interesse an den Menschen wieder, und von Tag zu Tag bleibt er ein wenig länger am Himmel. Der erste Tag, nachdem der Gott sich entschlossen hat, künftig wieder länger auf Erden zu weilen, ist besonders günstig, wenn man seinen Segen erflehen will. Du wirst rechtzeitig erfahren, wann dieser Zeitpunkt gekommen ist, und dann wird man dir gewähren, dem Gott gegenüberzutreten.“

Von Tag zu Tag war es immer kälter geworden, und häufig fiel Regen. Die Kohlebecken in den Gemächern der Frauen brannten den ganzen Tag, gaben aber nur wenig Wärme. Alle hüllten sich in ihre bunt gewebten Wolltücher, von denen auch Amintha mehrere zum Geschenk erhalten hatte. Solange das Tageslicht dauerte, waren die Frauen damit beschäftigt, Wolle zu spinnen und Gewänder zu weben. Amintha machte diese Arbeit Spaß, zumal man hier ganz andere Muster als in ihrer Heimat verwendete. Sie beschloss, einen Mantel für ihren Vater herzustellen, den sie ihm bei ihrer Rückkehr überreichen wollte.

Die Wolle, die in den Palast geliefert wurde, war bereits gereinigt und in herrlichen Tönen gefärbt. Besonders kostbar und beliebt war eine tiefrote Wolle. Die Frauen erzählten Amintha, diese Farbe stamme von den Ausscheidungen kleiner Muscheln, die aus fernen Ländern bis nach Pylos gebracht würden. Die Königin hatte nichts dagegen, dass Amintha besonders viel von dieser roten Wolle in ihren Mantel verwebte. Interessiert beobachteten die anderen Weberinnen, mit welchen Mustern sie ihr Tuch verzierte. Denn obwohl Amintha die Ornamente der Pyloten gut gefielen, mischte sie sie doch mit Motiven aus ihrer Heimat.
Ach, wenn sie doch nur endlich nach Hause zurückkehren könnte! Und wenn doch endlich der Tag käme, an dem sie den Sonnentempel betreten durfte!

Ein wolkenverhangener Morgen warf sein erstes fahles Licht auf die Mauern des Palastes. Der scharfe Wind drang bis in die Räume, so dass der Rauch vom Herdfeuer zur Seite getrieben wurde und den Frauen in den Augen brannte. Zwei Magier waren im Palast der Frauen erschienen. Sie verneigten sich tief vor der Königin, die Amintha herbeirufen ließ.
„Deine Zeit ist gekommen, Amintha. Nun wirst du deine Aufgabe erfüllen können. Du wirst mit den Magiern gehen, und sie werden dich auf die Begegnung mit dem Sonnengott vorbereiten. Es wird nicht leicht sein – du wirst einiges erleiden müssen, aber der Weg zu den Göttern ist für die Menschen niemals bequem."
Amintha war erschrocken und aufgeregt zugleich. Sie musste sich zusammenreißen und besonnen bleiben. Ach, wenn diese Aufgabe doch erst hinter ihr läge! Aus ihrem Ledersack nahm sie das Kästchen mit der Bernsteinschale, die ihr Halfgar damals – wie lange schien das her! – als Geschenk für den Sonnengott gegeben hatte. Dann verließ sie in Begleitung der Magier den Palast der Frauen. Noch lag der Palast in der frühmorgendlichen Stille, als sie auf das Tor zuschritt. Verstohlen blickte Amintha um sich, in der Hoffnung irgendwo einen Blick auf Epulon oder auch nur Olymp erhaschen zu können! Aber außer den Wächtern am Tor sah sie keine Menschenseele, auch nicht, als sie die Vorstadt durchquerten.
Schweigend gingen die Magier vor ihr einen schmalen Pfad entlang, der

hoch in die Berge hinaufführte. Der Wind wurde stärker und ließ den Regen unangenehm von der Seite auf sie fallen. Nach kürzester Zeit war Amintha bis auf die Haut durchnässt und fror erbärmlich. Ihre Füße waren durch den Aufenthalt im Frauenhaus nicht mehr an den steinigen Boden gewöhnt und begannen zu bluten. Amintha biss die Zähne zusammen und lief weiter. Sie hatte zu viele Strapazen überstanden, um ihr Ziel zu erreichen, deshalb würde sie nun auf keinen Fall aufgeben!

Es dunkelte bereits wieder als sie endlich den Tempelbezirk erreichten. Amintha war so durchgefroren und gleichzeitig so hungrig, dass sie vor Erleichterung fast aufgeschluchzt hätte. Aber eigentlich war das Gebäude vor ihnen gar kein Tempel, sondern nur die Spitze eines Berges, die mit einer großen Mauer umfriedet worden war. Ein Dach schien nicht zu existieren soweit Amintha das in der Dämmerung noch erkennen konnte. Die Magier geleiteten sie durch ein Tor in das Innere des heiligen Bezirks.

„Hier wirst du bleiben, Botin der Götter", sprach sie einer der Männer an. „Du wirst die Nacht und den morgigen Tag alleine hier verbringen. Wasser und Nahrung wirst du nicht erhalten, denn du musst dem Gott in nüchternem Zustand gegenübertreten. Erst morgen Abend werden wir hierher zu dir zurückkehren."

Noch bevor Amintha Zeit hatte, mit ihren zitternden Lippen etwas zu fragen, drehten sich die Magier um. Krachend fiel das große Tor hinter ihnen zu.

Selbst als damals ihr Kanu auf der Mutter aller Flüsse gekentert war, war es Amintha nicht so schlecht gegangen wie jetzt. Sie fror entsetzlich und vergaß darüber sogar ihren Hunger. Unaufhörlich fiel der kalte Regen auf sie nieder. Inzwischen war es vollkommen finster geworden. Unter ihren nackten, schmerzenden Füßen spürte sie glatten Felsboden. Langsam tastete sie sich an der Wand des Tempels entlang. Wohin auch immer sie ihre spürenden Finger streckte, überall ertastete sie nur die rauen Flächen einer steinernen Wand. Nirgendwo stieß sie auf irgendwelche Einbauten, eine Bank vielleicht oder einen regengeschützten Vorsprung. Alles schien völlig leer zu sein. Nach einer endlos erscheinenden Zeit langte sie wieder bei dem verschlossenen Tor an, offenbar hatte sie das ganze Rondell umschritten.

Zitternd wagte sie sich nun in das Innere der Anlage vor. Aber auch hier umgab sie nur Leere. Plötzlich spürte sie unter ihren Füßen eine klebrig-pulvrige Schicht. Vorsichtig bückte sie sich und nahm etwas davon in die Hand. Asche! Hier hatte offenbar vor längerer Zeit ein riesiges Feuer gebrannt. Wie herrlich wäre es, wenn jetzt warme Flammen in den Himmel schlügen, wenn sie sich wärmen könnte oder gar ein saftiges Stück Fleisch über dem Feuer briete! Aber die Asche war kalt und nass.
Zögernd schritt Amintha weiter und stieß nach einigen Schritten gegen eine Felswand. Sie tastete sich daran entlang und ertastete schließlich Stufen. Auf allen Vieren kroch sie die Stufen empor, denn sie fürchtete sich davor abzustürzen. Die Treppe führte nur wenige Meter empor und ging an ihrem Ende in einen glatten, ebenen Felsboden über. Amintha ertastete, dass er nach allen Seiten steil abfiel. Offenbar war der Felsen nur eine schmale erhöhte Plattform innerhalb des heiligen Bezirks. Vorsichtig stieg sie wieder hinab. Noch eine Weile wanderte sie durchs Dunkel, aber sie konnte nichts finden, was ihr irgendwie Schutz geboten hätte. Schließlich kauerte sie sich zitternd an einer Stelle an die Mauer, wo sie wenigstens vor dem Wind ein wenig geschützt war, und wickelte ihren durchnässten Mantel so fest sie konnte um sich.
Die Dunkelheit schien nicht enden zu wollen. Der Regen hatte sich zwar gelegt, doch der Wind wehte unvermindert weiter. Amintha war so kalt, dass sie fürchtete, sie würde erfrieren. Immer wieder massierte sie ihre erstarrten Füße. Manchmal nickte sie trotz der Kälte einige Minuten ein, aber dann wachte sie wieder auf und horchte zitternd ins Dunkle.
Als es schließlich Tag wurde, war Amintha vor Erschöpfung kaum noch in der Lage, sich zu bewegen. Der Wind hatte nachgelassen, und allmählich stieg eine wässrige Sonne hinter den südöstlichen Bergen auf. Im Lichte des neuen Tages konnte Amintha die Einfriedung erstmals überblicken. Sie war von der hohen Mauer umgeben und tatsächlich völlig leer. Nur in der Mitte befand sich ein Felsen, dessen Spitze zu einer Plattform abgetragen worden war und zu dem die Stufen, die sie in der Nacht erklommen hatte, hinaufführten. Amintha sah, wie gut sie daran getan hatte, auf allen Vieren zu kriechen, denn nach allen Seiten fiel das Felspodest steil ab. Vor dem Felsen häufte sich die Asche unzähliger Feuer.
Amintha beschloss, noch einmal auf den Felsen zu steigen, denn von

dort würde sie sicher über die Mauer des heiligen Bezirks hinaussehen können. Oben angekommen erblickte sie auf der westlichen, dem Meer zugewandten Seite nur wenige Schritte außerhalb der Mauer eine Reihe von mächtigen Holzpfosten, die einen leichten Bogen bildeten. Dahinter konnte man weit hinaus ins Land blicken, dem sich das Meer anschloss, das sich unendlich weit bis zum Horizont erstreckte. Das mussten die Säulen sein, von denen die Alte erzählt hatte, und die die Magier beim Beobachten des Sonnenuntergangs als Markierungspunkte nahmen. Als sie sich nach Osten wandte, blickte Amintha auf eine Kette von Hügeln. Häuser oder andere Gebäude waren nirgendwo zu sehen.
Der Ring aus riesigen Steinblöcken, der die Bergspitze umgab, war ohne eine Leiter oder andere Kletterhilfe nicht zu überwinden. Und so wischte Amintha den kurz aufflackernden Gedanken an Flucht mit ihren mit Asche verschmierten Händen aus ihren vertränten Augen. Einen Tag und eine Nacht müsse sie hier verbringen, hatten die Magier ihr gesagt, und die Nacht war bereits geschafft. Nein, sie war bereit, nun auch noch den letzten Rest der Reise zum Sonnengott durchzustehen.
Aber so, wie sie jetzt aussah, konnte sie dem Sonnengott nicht gegenübertreten! Nicht nur ihre Hände und ihr Gesicht waren mit Asche verschmiert, auch ihr Umhang war völlig verschmutzt und verknittert. Suchend blickte sie um sich, ob sie nicht irgendwo etwas Wasser finden konnte. Wasser, um sich zu reinigen. Dabei wäre sie schon froh gewesen, wenn sie nur genügend Wasser zum Trinken gehabt hätte.
Zitternd stand sie auf und humpelte auf ihren zerschundenen Füßen zu einer seichten Vertiefung des Felsbodens, in der sich wenigstens etwas Regenwasser gesammelt hatte. Auf dem Bauch liegend leckte sie alles bis auf den letzten Tropfen auf. Doch ihr Durst war längst nicht gestillt. Da keine weiteren Pfützen zu finden waren, taumelte sie langsam zu einer Stelle der Bergspitze, die besonders kräftig von der Sonne beschienen wurde, und legte sich dort auf den harten Fels.
Den ganzen Tag tat sie nichts anderes, als immer darauf zu achten, in der Sonne zu sitzen oder zu liegen, um so allmählich ihre Kleider zu trocknen. Wenn ihr auch nicht gerade warm wurde, so brauchte Amintha doch wenigstens nicht mehr so zu zittern, und hin und wieder gelang es ihr für einige kurze Momente einzunicken.
Die Suche nach weiteren Wasserstellen hatte sie nach mehreren vergeb-

lichen Versuchen aufgegeben, obwohl der Durst im Laufe des Tages immer unerträglicher geworden war. Hunger verspürte sie längst nicht mehr, aber wenn sie sich aufrichtete, wurde ihr jedes Mal sehr schwindlig.

Am späten Nachmittag öffnete sich das Tor. Amintha erhob matt den Kopf und blickte den Eintretenden entgegen. Fünf weiß gekleidete Magier, die auch ihre Köpfe mit weißen Tüchern verhüllt hatten, schritten in einer Reihe auf sie zu. In ihren Händen hielten sie lange, mit Bronzenägeln verzierte Stäbe. Jeder Stab endete in einem bronzenen Ring, der durch kreuzförmige Balken in vier Felder unterteilt war. Amintha wusste, dass dieses Kreuz im Kreis das heilige Zeichen des Sonnengottes war.

Vor diesen feierlichen Gestalten kam sich Amintha in ihrer ascheverschmierten Kleidung besonders hässlich vor. Mühsam richtete sie sich so weit auf wie sie konnte und zwang sich zur Ruhe. Als der hinterste der Magier Amintha erreicht hatte, bedeutete er ihr, ihm zu folgen. Langsam stiegen sie auf das Podest und drehten sich dann nach Westen. Mit letzter Kraft folgte Amintha den Männern auf das Plateau.

Vor sich sah sie das Meer, das in der Abendsonne von einem rötlichen Schimmer überzogen war. Kein Lufthauch wehte, die Wolken hatten sich verzogen, und die Sonnenscheibe stand als rötlicher Ball knapp über dem Horizont. Von hier aus gesehen durchschnitt die am weitesten links stehende Säule die untergehende Sonne. Es war also genau so, wie die weise alte Frau gesagt hatte: Heute musste der Tag des Jahres sein, an dem der Sonnengott die kürzeste Zeit auf Erden weilte. Ab morgen würde er sich wieder mehr der Menschenwelt zuwenden, jeden Tag etwas länger scheinen und nicht wie heute im Südwesten, sondern allmählich immer weiter westlich, schließlich im Sommer sogar im Nordwesten ins Meer versinken.

Schon war die Sonnenscheibe im Dunst über dem Horizont verschwunden, schon wurde es dämmrig. Die Magier hatten Amintha in die Mitte der Plattform geschoben und bildeten einen Kreis um sie. Einer zog aus seinem Gewand einen gewebten Teppich, in dessen Mitte das Zeichen des Sonnengottes prangte, und breitete ihn auf dem Boden aus.

„Lege deine Opfergabe auf diesen Teppich“, befahl er ihr. Ohne zu wissen, woher ihr Körper noch die Kraft dazu nahm, stieg Amintha hastig

vom Felsen, holte das Kästchen und kehrte zu den Magiern zurück. Vorsichtig hob sie die Bernsteinschale heraus und stellte sie genau auf das Sonnenzeichen.
Die Magier stießen bewundernde Rufe aus und starrten das Kleinod an. Aber schnell kehrten sie zu ihrer würdevollen Haltung zurück.
„Diese Nacht wirst du hier neben deiner Opfergabe verbringen, Botin der Götter“, sagte einer der Männer und deutete auf die Matte. Du wirst den Gott des Lichts sehen, und du wirst ihm sagen, was du auf dem Herzen hast. Am Morgen wirst du wissen, ob er deine Bitten erhört hat. Wenn du die Sonne aufgehen siehst, so ist er dir wohlgesonnen. Verbirgt er aber sein Gesicht hinter Wolken, so sind deine Bitten abschlägig beschieden.“
Ein anderer Magier trat vor. In der Hand hielt er ein kleines Tongefäß, das ebenfalls mit dem Zeichen des Sonnengottes geschmückt war.
„Nimm diesen Trank zu dir, Botin der Götter. Er wird dir den Weg zur Gottheit ebnen.“
Schweigend ergriff Amintha den Krug und ließ sich auf dem Teppich nieder. Die Magier stiegen von dem Felsen hinab, formierten sich zu einer Reihe und verließen in würdevollen Schritten den heiligen Ort.

22

Tiefe Dunkelheit. Amintha hatte eine zweite Nacht allein im heiligen Bezirk vor sich. Wenigstens regnete es nicht mehr, aber es war sehr kalt geworden. Das Mädchen, das während des Auftritts der Magier Kälte und Hunger vergessen hatte, spürte nun, wie die eisige Luft sie lähmte. Frierend hockte sie auf dem dünnen Teppich, durch den die Kälte des Felsens drang. In der Hand hielt sie das kleine Gefäß, dessen Mündung mit einem hölzernen Pflock versperrt war. Trinken, endlich etwas zu trinken. Sie löste den Verschluss, und sofort entströmte dem Fläschchen ein betörender Duft. Vorsichtig nahm sie einen Schluck.
Es schmeckte ganz anders als alles, was sie bislang gekostet hatte. Bitter, aber nicht unangenehm. Gierig setzte sie den Krug erneut an die Lippen.

Je mehr des geheimnisvollen Saftes ihre Kehle hinunterrann, desto leichter wurde ihr zu Mute. Es schien wärmer geworden zu sein, und ihre Füße schmerzten auch nicht mehr. Sie ließ sich auf die Matte gleiten, streckte sich aus und blickte in den Himmel. Völlig entspannt lag sie da. Die über ihr funkelnden Sterne wurden heller und größer und begannen langsam zu tanzen. In Wirbeln und Kreisen schwebten sie durch das unendliche Schwarz. Schneller und schneller kreisten die weißen Lichter bis sie sich schließlich eng zusammenballten. Amintha spürte, dass sie emporgezogen wurde. Schon schwebte sie hoch in der Luft, das Land weit unter sich lassend. In immer wilderem Tempo flog sie über den Himmel. Um sie herum knisterten die Sterne. Jetzt lag das Meer unter ihr, deutlich konnte sie seine schimmernde Oberfläche sehen, in der sich die Sterne widerspiegelten.
Ein herrliches Gefühl, so durch die Luft zu schweben. Kälte, Hunger und Durst waren von ihr abgefallen. Plötzlich merkte Amintha, dass sie sich genau auf einen schwarzen Schlund zu bewegte. Weshalb sie in der Dunkelheit diesen gähnenden Abgrund erkennen konnte, war ihr nicht klar, aber sie sah ihn, ein unendlich finsteres Loch, in das sie immer tiefer hineingesogen wurde. Ein scheußliches Rauschen, das immer lauter anschwoll, umgab sie. Entsetzt schloss sie die Augen.
Auf einmal war alles ganz still. Tiefe Stille, beruhigende Stille, bedrohliche Stille ...

Zuerst kaum hörbar und dann langsam näher kommend entstiegen sanfte Klänge der tiefschwarzen Stille. Als ob jemand ganz langsam die Saiten einer Lyra zupfte. Es roch nach Blüten, nach frischem Gras, nach Sommer. Vorsichtig öffnete sie die Augen. Sie lag auf einer Wiese. Über ihr wölbte sich ein blauer Himmel. Und um sie herum war Licht, warmes Licht, das sie auf ihrer Haut spüren konnte, das sie einzuhüllen schien.
Eine weiche, tiefe Stimme, die von allen Seiten gleichzeitig zu kommen schien, drang in ihren Kopf: „Willkommen im Land der ewigen Freude, Botin der Menschen. Was ist dein Begehr?"
Amintha richtete sich auf und blickte um sich. „Fürchte dich nicht. Sage mir, warum du in mein Reich gekommen bist."
Langsam hob Amintha die Hände und blickte in den hohen Himmel:

„Herrscher des Lichts! Ich bin zu dir gesandt worden, um deine Hilfe zu erflehen. In dem Land, aus dem ich stamme, vermissen wir seit langer Zeit deine herrliche Kraft. Kalt ist es geworden, die Früchte erfrieren auf den Feldern, Regen und Nässe überschwemmen unsere Dörfer. Die Menschen hungern und sterben. Wir flehen dich an, kehre zurück zu uns, schenke uns wieder dein Licht. Ich habe für dich das Kostbarste gebracht, was wir dir geben können, eine Opferschale aus dem Gold des Nordens. Nimm sie gnädig an und hilf unserem Volk!"
Amintha senkte ihren Blick. Die Bernsteinschale schwebte direkt vor ihr dicht über dem Boden. Das goldene Licht spiegelte sich in ihr. Langsam erhob sich die Schale weiter in die Luft, stieg höher und höher, wurde größer, immer größer, bis schließlich die ganze Welt nur noch aus diesem einen hellen Fleck zu bestehen schien.

Amintha blinzelte in die Sonne, die gerade als rötlicher Ball über den Bergen aufging. Behutsam rollte sie sich aus dem kleinen Teppich, mit dem sie sich wohl während der kalten Nacht auf dem Felsaltar zugedeckt hatte und auf dem die Schale gestanden hatte. „Oh mein Gott, die Schale!", fuhr Amintha erschreckt auf. Hatte sie die Schale im Schlaf heruntergestoßen, war sie zerbrochen? Verwirrt blickte sie um sich, aber die Schale war nirgends zu finden.
Ein schwacher Hauch von Gras- und Blumenduft kitzelte sie in der Nase. Diesen Geruch kannte Amintha, sie war doch eben noch ..., die Blumenwiese, das warme Licht, die Stimme ...
Plötzlich durchzuckte sie eine jähe Freude. Es war Morgen, die Sonne war aufgegangen, so strahlend wie selten! Keine Wolken! Sie hatte es geschafft! Das war das Zeichen des Sonnengottes, dass er ihr Opfer angenommen hatte. Er würde ihrem Volk wieder seine Gunst gewähren. Sie hatte es tatsächlich geschafft!
Tief holte sie Luft. Dann stieß sie einen lauten Jubelschrei aus. Aus unzähligen Kehlen wurde dieser Schrei erwidert. Erstaunt blickte sie um sich.
In den heiligen Bezirk strömten viele festlich gekleidete Menschen, die jubelnd zu ihr aufschauten. Amintha erkannte verschiedene Gesichter, darunter auch Epulon, der begeistert zu ihr heraufwinkte. Dann waren mit einem Mal die Magier um sie, ein Becher mit einem heißen süßen

Getränk wurde an ihre Lippen gehoben, eine warme Decke um ihre Schultern gelegt. Sie spürte noch, wie sie hochgehoben und davongetragen wurde, dann hüllte tiefe Dunkelheit sie ein.

Als sie wieder aufwachte, befand sie sich auf ihrem Bett im Palast der Frauen. Es musste Abend sein, denn die Wandleuchter waren schon angezündet. Um sich sah sie vertraute Gesichter, die Prinzessinnen, die alte Frau, die ihr vom Sonnengott erzählt hatte, und viele andere. Man half ihr beim Aufstehen und führte sie zu einer Sitzbank. Amintha merkte voller Erleichterung, dass aller Schmutz von ihrem Körper abgewaschen war, dass sie wieder saubere warme Kleider trug und dass ihre verletzten Füße gesalbt und verbunden worden waren. Eine Dienerin reichte ihr eine Schüssel voll köstlicher heißer Fleischbrühe. Es war herrlich, wieder unter Menschen zu sein!

23

Amintha hatte geglaubt, dass sie bald nach Hause zurückkehren könnte, aber es kam anders. Die beiden Nächte auf dem Berg hatten ihrer Gesundheit sehr zugesetzt. Tagelang fieberte sie und konnte sich kaum auf den Beinen halten. Erst allmählich gewann sie ihre Kräfte zurück.
Doch auch dann wollte die Königin sie nicht ziehen lassen.
„Noch toben die Winterstürme über das Meer. Du wirst warten müssen, bis das Frühjahr kommt und unsere Handelsschiffe nach Norden aufbrechen. Dann kannst du eines der Schiffe besteigen und bis an das Ende des Meeres mit ihm reisen.“
Amintha war erleichtert, dass ihr auf diese Weise ein langer Landweg erspart werden würde. Sie erinnerte sich daran, was Halfgar ihr erzählt hatte. Auch die Bernsteinleute wollten ja entlang der Küsten mit einem Schiff wieder in die nördlichen Länder zurückkehren. Und lag nicht auch die Heimat von Epulon in diesen nördlichen Gefilden? Freilich würde es von dort noch ein weiter Weg bis nach Panwati sein. Halfgar hatte gemeint, man müsse noch ein hohes Gebirge überqueren, bis man

wieder auf die Mutter aller Flüsse stoßen würde. Ach, wenn sie doch nur schon aufbrechen könnte! Von Tag zu Tag fiel es ihr schwerer, es im Frauenpalast auszuhalten.

Als ihre Gesundheit ganz wiederhergestellt war, erhielt sie die Aufforderung, vor dem Warnax, den Magiern und den Männern des Rats von ihren Erlebnissen im Heiligen Bezirk des Sonnengottes zu berichten. Zum ersten Mal durfte sie nun zusammen mit der Königin durch die Tür treten, die die beiden Palastteile miteinander verband.

Im Palast der Männer sah es ganz ähnlich aus wie in dem der Frauen, aber die Räume waren noch größer und prächtiger. Im Thronsaal gab es eine große Herdstelle in der Mitte des Raumes. Die Männer des Rates saßen auf Bänken entlang der Wände. Auf einem erhöhten Sitz thronte der Warnax, ein älterer, bärtiger Mann, dessen roter Mantel reich mit Gold verziert war. Auf dem Kopf trug er eine hohe, spitze, goldverzierte Haube. In seiner Nähe saßen Ambyros und die Prinzen. Epulon konnte Amintha nirgends entdecken.

Die Königin setzte sich auf einen reich verzierten Sessel neben den Warnax. Amintha wurde zu einem Schemel geführt, der dem Thron gegenüber stand. Nachdem sie mit der Stirn den Boden berührt hatte, richtete sie sich auf und blickte furchtsam zum Herrscher. Mit freundlicher Stimme begrüßte der Warnax das Mädchen und forderte es auf, mit seinem Bericht zu beginnen.

Amintha zögerte. Wie sollte sie die unheimliche Begegnung mit dem Sonnengott schildern, die sie ja selber nicht so ganz verstand?

„In der Nacht, nachdem die Sonne hinter der südlichen Säule untergegangen war, hatte ich einen Traum. Aber ich bin nicht sicher, ob es nur ein Traum war, denn ich hatte das Gefühl, wach zu sein und wirklich durch die Luft zu fliegen."

Nun erzählte sie alles, was ihr auf der Reise ins Land des Sonnengottes widerfahren war.

Im Saal war es totenstill. Alle hingen an ihren Lippen. Offenbar schienen sie ihr zu glauben, obwohl ihr beim Erzählen eigentlich selber alles ganz unwirklich erschien.

Als sie geendet hatte, herrschte immer noch Schweigen. Gerade wollte sich einer der Magier erheben, vermutlich um ihren Bericht zu ergänzen, als im Vorhof Unruhe entstand. Verschiedene Stimmen redeten durch-

einander, dann stürzte, gefolgt von Epulon, ein Mann in den Raum und warf sich vor dem Warnax auf den Boden.
„Verzeiht, dass ich ohne Aufforderung vor euch trete, oh Warnax, aber ich bringe eine wichtige Botschaft."
Erstaunt erhob sich der Warnax von seinem Thron.
„Phainops! Schon vor langer Zeit haben wir dich von den nördlichen Gestaden zurückerwartet. Als dein Schiff nicht kam, nahmen wir an, du würdest den Winter in Monkodun verbringen und erst im Frühjahr zurückkehren. Berichte uns und" – er blickte auf Epulon, der etwas unsicher im Torbogen stand – „unserem Freund, dem Sohn des Königs Nebres, was geschehen ist."
Der Mann richtet sich auf. Er war schon etwas älter, aber braungebrannt und kräftig.
„So höre, oh Warnax. Auf dein Geheiß fuhren wir im letzten Frühjahr mit unseren Waren nach Norden. Wir machten gute Geschäfte und wurden von Nebres, dem Herrscher von Monkodun, freundlich aufgenommen. Dort verbrachten wir den Sommer. Viele Händler aus den nördlichen Ländern kamen, um ihre Waren gegen die Schätze des Nebres und gegen unsere Güter einzutauschen. Herrliche weiche Felle, Bernsteinperlen, Salz, Getreide und vieles andere bargen wir in unserem Schiff. Dann verabschiedeten wir uns von Nebres. Großzügig stellte er uns ein mit Kriegern bewaffnetes Geleitschiff zur Verfügung, das uns ein Stück des Weges begleiten sollte, denn es ging die Kunde, Piraten würden die Küsten unsicher machen. Befehligt wurde dieses Schiff von Nebres' Sohn Melosocus."
Der Mann machte eine Pause, holte tief Luft und fuhr dann fort:
„So verließen wir an einem ruhigen Herbstmorgen den sicheren Hafen von Monkodun. Nur wenige Stunden später wurden wir von vier Booten bedrängt, die uns hinter einer Inselgruppe aufgelauert hatten. Eines der feindlichen Boote rammte unser Schiff und schlug ein Leck. Mit letzter Kraft gelang es uns, die Küste zu erreichen. Unterdessen hatten Melosocus und seine Bootsbesatzung den Kampf aufgenommen. Sie schafften es, die Boote der Angreifer zu versenken, aber Melosocus wurde von einem Pfeil schwer verletzt."
Ein entsetztes Gemurmel erhob sich unter den Anwesenden. Epulon hatte sich vom Torbogen gelöst und war langsam näher gekommen.

Alle Farbe war aus seinem Gesicht gewichen. Erregt starrte er den Redner an.
Der Mann machte eine verlegene Pause und nahm einen Schluck aus einem Weinbecher, den ihm ein Diener reichte:
„Melosocus wurde nach Monkodun zurückgebracht. Tagelang bangten wir um sein Leben. Aber keiner der heilkundigen Magier konnte ihm mehr helfen. Er starb."
Epulon stieß einen Schrei aus. Sein Bruder Melosocus war tot! Er hatte ihn zwar seit Jahren nicht mehr gesehen, war aber früher sehr viel mit ihm zusammen gewesen. Er erinnerte sich noch, wie der Ältere ihn zum Abschied umarmt hatte, damals, als er selbst noch gar nicht recht verstanden hatte, dass er vielleicht nie wieder nach Hause zurückkehren würde. Und nun würde er Melosocus nie wiedersehen!
Der Bericht des Seefahrers war noch nicht beendet, und so fuhr er mit seiner Rede fort:
„Unser beschädigtes Schiff wurde entladen und in den Hafen zurückgeschleppt: Die Fracht musste auf dem Landweg wieder nach Monkodun geschafft werden. Sofort wurde mit der Reparatur begonnen, denn so schnell wie möglich wollte ich nach Pylos zurückkehren, um Kunde von diesen Ereignissen zu bringen. Aber dann begannen die Winterstürme. Verzeiht, dass ich erst jetzt komme, aber ich habe die erste Gelegenheit genutzt, um in See zu stechen."
Es erhob sich ein aufgeregtes Stimmengewirr. Gerne hätte Amintha noch weiter zugehört oder zumindest Epulon getröstet, aber diese Aufgabe hatten bereits die Prinzensöhne übernommen.
Die Königin hatte sich erhoben und bedeutete Amintha, sie zu begleiten. Diese Staatsangelegenheiten gingen die Frauen nichts an, alles Weitere mussten sie den Männern überlassen. Widerstrebend folgte Amintha der Königin. Ob sie Epulon noch einmal wiedersehen würde?

24

Rege Betriebsamkeit prägte die nächsten Tage im Palast, die sich bis in die Gemächer der Frauen ausbreitete. Unzählige Gerüchte waren zu vernehmen. So war zu hören, dass der Warnax eine ganze Flotte ausrüsten wolle, um die Piraten zu vertreiben. Ganz anders klang die Version, nach der Pylos seine Handelsverbindungen nach Norden einstellen wollte, weil der Schiffsverkehr zu gefährlich würde. Aber Genaues wusste keine der Frauen. Die Wächter an den Toren taten zwar den Frauen gegenüber so, als seien sie über vieles informiert, kannten aber ganz offensichtlich auch nur Gerüchte.
Amintha hielt es in der Enge des Frauenhauses nicht mehr aus. Sie konnte nicht verstehen, wie gelassen die Frauen damit umgingen, dass sie von allem Wichtigen ferngehalten wurden und keine Möglichkeit erhielten, ihre Meinung zu äußeren. In Panwati hatten zwar auch nur Männer in der Ratsversammlung gesessen, aber in wichtigen Dingen hatte sich ihr Vater immer mit der Mutter besprochen. Dort konnten die Frauen auch tun und lassen was sie wollten und waren nicht in ihren Häusern eingesperrt.
Das Gefühl, eine Gefangene zu sein, nagte stärker denn je an Amintha. Sie wollte nur noch fort aus Pylos. Wenn es stimmen sollte, dass der Warnax die Handelsbeziehungen mit den Nordvölkern abbrechen würde, hatte ja auch das Versprechen der Königin, sie könne mit einem der nach Norden fahrenden Handelschiffe mitreisen, keine Gültigkeit mehr. Dann müsste sie selber sehen, wie sie wieder nach Panwati zurückkehren konnte. Wozu sollte sie also noch länger warten! Und wenn man sie nicht freiwillig gehen ließe, dann würde sie eben fliehen!
Amintha begann, Fluchtpläne zu schmieden. Olymp, den sie nun schon seit Wochen nicht mehr gesehen hatte, wollte sie unbedingt mitnehmen. Aber der Palast und die gesamte Festung waren streng bewacht. Noch hatte sie keinen Weg gefunden, wie sie sich unbemerkt hätte davon machen können.

Während sie so grübelte, hatte Amintha den Saum des Mantels, den sie für ihren Vater gewebt hatte, fast fertig vernäht. Plötzlich stürzte eine der Frauen aufgeregt herein:
„Amintha, du sollst sofort in den Thronsaal der Herrscherin kommen.

Ich weiß nicht, worum es geht, aber Prinz Harpalias ist bei ihr und auch Epulon von Monkodun."
Aminthas Herz machte einen Sprung. Epulon! Sie würde ihn also doch wiedersehen!
Freundlich wurde Amintha in der Thronhalle von der Herrscherin begrüßt und gebeten, auf einer Bank Platz zu nehmen. Auch Epulon und Harpalias lächelten ihr zu.

„Nun Amintha, die anderen Frauen haben mir erzählt, wie sehr du dich nach deiner Heimat sehnst", begann die Herrscherin. „Sicher weißt du auch, dass sich die Lage durch den Tod von Epulons Bruder verändert hat. Nun hat der Warnax in seiner großen Weisheit dennoch eine Möglichkeit gefunden, wie du in dein Land zurückkehren kannst. Epulon, sage du ihr, was geschehen wird."
Begierig wandte sich Amintha Epulon zu. Eigentlich hatte sie erwartet, dass er wegen des Todes seines Bruders nun noch melancholischer als früher sein würde, aber hier hatte sie sich getäuscht. Epulons Augen strahlten, und er schien es gar nicht erwarten zu können, Amintha in seine Pläne einweihen zu können.
„Höre Amintha! Der Warnax, der gütiger Herrscher von Pylos, war sehr betroffen, dass mein Bruder sein Leben gegeben hat, um die Pyloten und ihr Schiff zu beschützen. Diese Tat hat er als Zeichen dafür erkannt, dass er meinem Volk unbedenklich vertrauen kann. Und wegen des Todes von Melosocus fühlt er sich meinem Vater gegenüber verpflichtet. Darum hat er mit Freude einer Bitte meines Vaters entsprochen. Ich bin frei, Pylos zu verlassen, wann immer ich möchte. Es wird auch nicht nötig sein, dass mein Vater eine neue Geisel nach Pylos schickt. So bald wie möglich werde ich nach Monkodun aufbrechen, denn nun bin ich der Thronerbe und muss meinem Vater zur Seite stehen. Du wirst mit mir auf das Schiff gehen. Wir werden dich bis Monkodun geleiten. Von dort ist es nicht mehr allzu weit bis in deine Heimat. Sobald günstige Winde wehen, werden wir in See stechen."

Es sollte zwar noch eine Weile dauern, bis sie Pylos tatsächlich verlassen konnten, aber nun, da Amintha die Gewissheit hatte, mit Epulon fahren zu dürfen, machte ihr diese Wartezeit nichts mehr aus. Sie verabschie-

dete sich von den Frauen und Kindern, erhielt so manches Geschenk und verschenkte ebenfalls einige der Bernsteinstückchen, die Halfgar ihr damals mit der Opferschale gegeben hatte. Ein Plättchen von fast dreieckiger Form und einen rundlichen größeren Bernsteinklumpen ließ sie Ambyros zum Dank dafür bringen, dass er ihr am Anfang so geholfen und die Sprache der Pyloten beigebracht hatte.
Wenige Tage später erschien ein Bote des Warnax. Amintha wurde zum zweiten Mal aufgefordert, im Palast der Männer zu erscheinen. Wieder saß der Herrscher auf seinem erhöhten Sitz, und wieder waren um ihn herum die Würdenträger und Magier versammelt. Vor dem Warnax stand ein hohes Tischlein, auf dem sich ein reich geschnitztes Kästchen aus schwarzem Holz befand.
„Botin der Götter, du wirst nun in deine Heimat zurückkehren. Wir lassen dich nur ungern gehen, denn die Magier haben geweissagt, dass die Gastfreundschaft, die wir dir erweisen durften, auch für unser Volk segensreich sein wird. Wenn du nun wieder in die nördlichen Länder gehst, so nimm eine Botschaft an deinen Vater, den Herrscher von Panwati mit."
Der Warnax wies auf den kleinen Tisch. Einer der Magier trat vor und öffnete das Kästchen. Amintha blickte hinein und stieß einen überraschten Ruf aus: Dort lagen die Bernsteinbrocken, die sie Ambyros gegeben hatte, aber nun sahen sie ganz anders aus.

Vorsichtig nahm der Magier das erste Stück heraus und gab es ihr in die Hand. Amintha stellte erstaunt fest, dass ein bärtiges Gesicht in den Bernstein eingeschnitten worden war.
„Das ist doch das Antlitz des Warnax!", flüsterte sie ehrfürchtig.

„Ja, dies ist ein Bild unseres Herrschers“, bestätigte der Magier. „ Es soll in dem fernen Land, das deine Heimat ist, von seiner Macht und seinem Ruhm künden. Betrachte auch die Rückseite.“
Vorsichtig drehte Amintha das Plättchen um. Hier sah sie drei Zeichen, links einen Speer, in der Mitte das ihr schon bekannte Symbol des Sonnengottes, einen Kreis mit einem Kreuz, und rechts ... ja, das sah aus wie das goldene Würdezeichen, das der Warnax in Händen hielt: Ein Stab mit einer Axt, die auf jeder Seite eine Klinge besaß.

„Hier siehst du drei mächtige magische Zeichen des Reiches von Pylos“, erklärte der Magier. „Links den Speer als Symbol für kriegerische Macht, in der Mitte das Zeichen für den Herrn des Lichts, dessen Heiligtum sich hier befindet, und auf der rechten Seite das Symbol für den Herrscher von Pylos. Präge sie dir gut ein, damit du in deiner Heimat ihre Bedeutung den Stammesführern erklären kannst.“
Dann reichte er Amintha das zweite Kleinod. Sie konnte darin kaum noch den unförmigen Bernsteinklumpen erkennen, den sie Ambyros gegeben hatte. Nun war er auf der einen Seite zu einer ovalen Platte geschliffen worden, und auf der Rückseite besaß er einen Knauf. In diesen war ein Loch gebohrt worden, in das ein goldener Ring eingelassen war. Die Vorderseite dieses Gerätes wies ebenfalls drei Zeichen auf, deren Sinn Amintha nicht verstand. Unter diesen Zeichen war ein Band mit Zacken eingekerbt, das sie freilich sofort zu deuten wusste.
„Das ist ja wie das Diadem, das die Göttin von Panwati trägt und dessen Form auch mein Diadem hat!“, rief sie erstaunt aus.
„Ja, dies ist die Krone eurer Göttin“, bestätigte der Magier. „Und darüber sind drei Zeichen, die den Namen deiner Heimat wiedergeben: Pa nwa ti.“

Ein Diener hatte inzwischen ein Tontäfelchen auf den Tisch gelegt. Der Magier ergriff das Bernsteingerät an seinem Knauf und drückte die Platte in den weichen Ton. Deutlich waren die drei Zeichen und das Bild der Krone als erhabene Muster im Ton zu erkennen.

„Dies ist ein Geschenk für deinen Vater Astis, den Herrscher von Panwati", sagte der Warnax. „Wie du weißt, ist alles, was mit einem Siegel gestempelt wird, mit einem Zauber belegt und vor Diebstahl geschützt."

Solche Stempel mit dem Zeichen des Warnax hatte Amintha in Pylos schon mehrfach gesehen. Die großen Wein- und Ölamphoren wiesen Eindrücke von Stempeln auf. Auch an den Getreidesäcken hingen kleine Tontäfelchen mit dem Siegel des Warnax, und auch in viele Gegenstände im Palast waren die gleichen Zeichen eingeschnitten. Nun würde also auch ihr Vater ein solches Zaubersiegel erhalten.

Voller Dankbarkeit warf sie sich dem Warnax zu Füßen und versuchte, ihre Gefühle in der höfischen Sprache von Pylos in Worte zu fassen:

„Oh Herrscher der südlichen Welt, mächtiger Warnax, bei dem selbst der Herr des Lichts eine Heimstatt findet! Ich werde diese Gaben als das Kostbarste bewahren, das ich je in Händen gehalten habe. Und wenn ich sie in Panwati meinem Vater und den Würdenträgern übergeben habe, werden sie dort von deinem Ruhm Kundschaft tun."

Nun trat der älteste der Sonnenmagier vor und blickte Amintha mit seinen dunklen Augen ernst an. Dann rief er mit tönender Stimme:

„In diesen Zeichensteinen ist ein großer Zauber verborgen, ein Zauber, der auch auf den wirkt, der sie in Händen hält. Wenn du sie mitnimmst in deine Heimat, werden sie bewirken, dass ein Teil deiner Seele, ganz gleich wo du auch bist, immer mit unserem Land verbunden bleiben wird. Und dieser Zauber wird ewig fortdauern. Selbst in der fernen Zukunft, wenn die Städte Pylos und Panwati schon lange zu Staub zerfallen sein werden, wird der Zauber wirken. Dann wird dort, wo einmal Panwati war, ein Mann aus deinem Volk diese Zeichensteine finden. Und auch seine Seele wird von da an wie die deinige an zwei Orten eine Heimat besitzen: dort, wo er die Zeichen gefunden hat, und hier im Land des Herrn des Lichts."

Amintha selbst wurde von so vielen Leuten beschenkt, dass schließlich eine ganze Truhe mit schönen Stoffen, Schmuck und feinen Geräten auf das Schiff gebracht werden musste. Die größte Freude aber empfand Amintha, als sie ihren Hund Olymp wieder in die Arme schließen konnte. Der tollpatschige Kerl war in diesen wenigen Wochen geradezu riesig geworden und vollführte, als er sie erblickte, einen Freudentanz, bei dem nicht nur Amintha umgerannt, sondern auch der Diener, der den Hund an einer Leine hielt, durch die Gegend geschleift wurde.

Herrlich war es, nachdem der Abschied von Pylos vollzogen war, wieder auf einem Pferd zu sitzen und durch die Frühlingsluft zu reiten! Nach den ausgiebigen Winterregen sprossen überall frisches Gras und kleine, leuchtend bunte Blumen. Die Luft war erfüllt vom Blöken der Schafe, die mit ihren Hirten in großen Herden in die Berge zogen.
Das im Hafen verankerte Schiff, das der Warnax ihnen zur Verfügung gestellt hatte, wurde von Phainops, dem Mann, der die Nachricht von Melosocus Tod überbracht hatte, befehligt. Vierundzwanzig Ruderer bewegten das schnittige Gefährt, wenn das Segel bei ungünstigem Wind nicht gesetzt werden konnte. Der Laderaum war mit Waren gefüllt, und das gesamte Mitteldeck war überdacht. Schwere Vorhänge unterteilten diesen Bereich in einzelne Räume, in denen man sich geschützt vor Wind und Wetter aufhalten konnte.
Wie sie es schon von der Reise mit den Andriden her kannte, fuhr das Schiff zumeist längs der Küste entlang, sodass sie bei Sturm und am Abend in einer der Buchten des Festlandes oder auf einer der vielen Inseln an Land gehen konnten. Bewaffnete Wächter sicherten das Nachtlager vor Überfällen und hätten mit ihren Pfeilen und Langbögen auch während der Fahrt mögliche Angreifer mutig bekämpft. Aber sie schienen unter dem Schutz der Götter zu stehen, denn während der gesamten Reise blieben sie von Überfällen verschont.
Epulon war bester Stimmung. Er wurde von der Schiffsbesatzung sehr ehrfürchtig behandelt, denn seine bedeutende Stellung als künftiger Herrscher einer für Pylos wichtigen Handelsstation war allen bewusst. Auch Amintha fehlte es an nichts, aber sie merkte schnell, dass die Leute sich ihr gegenüber eher furchtsam verhielten. Wie ein Lauffeuer hatte es sich herumgesprochen, dass sie eine Geisterreise unternommen und mit dem Herrn des Lichts gesprochen hatte. Die Männer an Bord trauten ihr überirdische Kräfte zu und waren fest davon überzeugt, dass

ihnen kein Unglück zustoßen könnte, solange sie die Botin der Götter bei sich hatten.
Nach den langen Wochen im engen Frauenpalast genoss Amintha die Freiheit auf See. Sie unterhielt sich viel mit Epulon, der das Zusammensein ebenfalls zu genießen schien. Wenn sie abends an Land gingen, durchstreiften sie, in respektvollem Abstand gefolgt von einigen Bewaffneten, die Gegend, wobei Olymp zumeist so ein großes Spektakel veranstaltete, dass Epulons Jagdversuche von vorneherein zum Scheitern verurteilt waren.
Amintha hatte Epulon ihre Erlebnisse im heiligen Hain des Sonnengottes nochmals genau berichtet. Nun erzählte sie auch immer wieder von ihrer Heimat und dabei wurde ihre Sehnsucht, Panwati und ihre Lieben wiederzusehen, immer größer. Epulon ging es ähnlich. Amintha erfuhr eine ganze Menge über sein früheres Leben in Monkodun. Seine Mutter war bereits bei seiner Geburt gestorben, und so hatten die Frauen des Palasts ihn aufgezogen.
„Müssen die Frauen in Monkodun denn auch getrennt von den Männern in einem eigenen Bereich des Palastes leben?“, wollte Amintha besorgt wissen, als Epulon ihr die Lebensweise in seiner Heimat schilderte.
„Im Gegenteil, eigentlich haben die Frauen bei uns fast mehr das Sagen als die Männer“, antworte Epulon lachend. „Es soll sogar eine Frau gewesen sein, die vor Urzeiten unsere Stadt gegründet hat. Ihr Grab befindet sich in der Festung und wird noch immer von allen verehrt. Ich habe zwar keine Schwestern, aber wenn ich welche hätte, so könnten auch sie die Herrschaft übernehmen. Jedenfalls besitzt die Frau, die mit dem Fürsten von Monkodun verheiratet ist, einen großen Einfluss.“ Dabei blickte er Amintha bedeutungsvoll an, die daraufhin schnell und etwas verlegen das Thema wechselte.
Es war kaum zu übersehen, dass Epulon sich in Amintha verliebt hatte. Auch sie mochte Epulon seit dem ersten Tag ihrer Begegnung sehr gerne, aber sie wollte sich auf keinen Fall binden. Noch war ihre Aufgabe nicht vollständig erfüllt. Erst musste sie in Panwati vor den Schrein der Göttin treten und dem ganzen Volk verkünden, dass sie ihr Ziel tatsächlich erreicht hatte.
Je weiter sie nach Norden kamen, umso überzeugter war Amintha, dass der Sonnengott sich tatsächlich wieder den Menschen der Nordvölker

zugewandt hatte. Fast täglich schien die Sonne, und der gelegentliche Regen führte nur dazu, dass der Bewuchs der Uferzonen immer frischer und grüner gedieh.

Auch am Tag ihrer Ankunft in Monkodun strahlte die Sonne vom Himmel. Zwischen kleinen Inselgruppen hindurch führte der Weg entlang einer felsigen Küste zu einer stillen Bucht. Schon vom Meer aus war der von einer mächtigen Steinmauer umgebene Berg von Monkodun zu erkennen. Epulon wurde mit jedem Ruderschlag, mit dem sie sich seiner Heimat näherten, aufgeregter, aber Amintha wäre es lieber gewesen, die gemeinsame Meerfahrt hätte nie ein Ende gefunden. Noch einmal würde sie von fremden Menschen umgeben sein und musste sich deren Lebensrhythmus anpassen. Zwar hatte ihr Epulon auf der langen Reise schon einige Worte in seiner Muttersprache beigebracht, aber zum ersten Mal verspürte sie keine Freude mehr daran, eine fremde Sprache zu lernen. Zu sehr sehnte sie sich nach der eigenen Heimat.

Mit starken Seilen wurde das Schiff aus Pylos an der Hafenmauer von Monkodun vertäut. Schon von weitem hatten die Wächter des Hafens den riesigen Delphin erkannt, mit dem das Segel verziert war, und wussten, dass dieses Schiff aus Pylos kommen musste. Ein Läufer war nach Monkodun gesandt worden, und kaum hatten Epulon und seine Eskorte festes Land betreten, als auch schon eine Schar Berittener herangaloppiert kam, um sie zu begrüßen. Die allgemeine Aufregung und Überraschung hatte sich noch verstärkt, als man erkannt hatte, dass Epulon unter den Ankömmlingen war. Sofort eilte ein Bote nach Monkodun zurück, während die übrigen in gemessenem Tempo mit Epulon an der Spitze folgten. Epulon hatte Amintha bedeutet, neben ihm zu reiten. Neugierig starrten die Begleiter das junge Mädchen an. Hatte Epulon in Pylos eine Gemahlin gefunden? Warum hatte sie dann helles Haar? Warum sah sie so anders aus als die anderen Pyloten?

Mühsam und in einer langen Reihe erklommen die Pferde den steilen Berg von Monkodun, bis sie die von Türmen flankierte Toranlage erreichten, durch die man die Stadt betreten konnte. Hier half man ihnen aus den Sätteln, denn die lange Torgasse war ziemlich schmal und verwinkelt. Sollten jemals Feinde durch das Tor eindringen, so hätte man sie in diesem engen Gang einen nach dem anderen überwältigen können. Als sie die Torgasse durchschritten hatte und ins Freie trat, war Amintha von dem Anblick, der sich ihr bot, überwältigt. Unzählige weiße Steinhäuser erhoben sich terrassenartig bis zur Spitze des Berges, die nochmals von einer hohen Mauer eingefasst war. Die Ankömmlinge folgten einem breiten Weg, dessen felsiger Untergrund wie poliert glänzte. Er führte zwischen den Häusern entlang direkt zum Palastbezirk. Mächtige Steinsäulen flankierten dessen Eingang. Dahinter lag ein großer Hof, auf dem sich feierlich gekleidete Würdenträger drängten. Aus ihrer Mitte trat ein alter, weißbärtiger Mann und ging ihnen mit ausgebreiteten Armen entgegen. Epulon wollte ihm zu Füßen fallen, aber Nebres kam ihm zuvor und schloss den heimgekehrten Sohn in die Arme.

25

In einer langen Reihe stiegen die Tragtiere den steilen Pfad hinab, der sich in Serpentinen hinunter ins Tal wand. Das sollte, so behauptete ihr Führer, nun wirklich der letzte hohe Pass gewesen sein, den sie noch überqueren mussten, um das Gebirge hinter sich zu lassen. Amintha hatte längst aufgehört, die Tage zu zählen, seit sie Monkodun verlassen hatten und durchs Gebirge zogen. Der Sommer hatte bereits begonnen, aber in den Bergen lag immer noch hoher Schnee, so dass die Reise nicht ungefährlich war. Ohne ortskundige Führer hätten sie die steilen Hänge nie überqueren können. Aber länger hätten sie mit ihrem Vorhaben nicht warten können, denn vor Einbruch des Winters wollten die Führer, die Amintha über das Gebirge geleiteten wieder in Monkodun sein.

Viel war geschehen in den letzten Wochen in Monkodun. Amintha hatte eigentlich vorgehabt, so schnell wie möglich weiter zu reisen, doch es war ihr schwer gefallen, den gastfreundlichen Ort und vor allem Epulon zu verlassen.

Bei ihrer Ankunft in Monkodun war sie von Nebres freundlich aufgenommen worden. Der alte Herrscher hatte sehr unter dem Tod seines

Erstgeborenen gelitten und war erleichtert, dass Epulon, der einmal sein Nachfolger sein würde, nun wieder bei ihm war. Mit besonderem Stolz erfüllte ihn aber die Anwesenheit von Amintha, die natürlich ihre Erlebnisse und die Begegnung mit dem Sonnengott vor dem Ältestenrat hatte erzählen müssen, was alle sehr beeindruckt hatte. Auch für die Bewohner von Monkodun war es ein Segen, dass der Sonnengott nun den Ländern im Norden wieder sein Licht und seine Wärme schenkte. Zwar waren sie selbst von einer Hungersnot verschont geblieben, aber die Auswirkungen der schlechten Jahre hatte sie ebenfalls betroffen. Durch das kalte und regenreiche Wetter war es hier im Norden über Jahre zu Missernten gekommen. Es konnte kein Getreide mehr nach Süden geliefert werden, und vermehrt waren plündernde Horden ins Land geströmt, die wegen der Hungersnot ihre nördliche Heimat verlassen hatten und nun die Küstengegenden unsicher machten. Sogar zu Wasser war man nicht mehr sicher gewesen, wie der Angriff auf das Schiff der Pyloten und der Verlust des zu Hilfe geeilten Melosocus schmerzlich gezeigt hatte.
Nun aber begannen auch die Bewohner von Monkodun wieder Hoffnung zu schöpfen. Mit Epulons Rückkehr war die Thronfolge gesichert, und er hatte die Botin der Götter mitgebracht, der es zu verdanken war, dass sich die Zeiten bessern würden. Ihre abenteuerliche Reise hatte zur Genüge bewiesen, dass dieses Mädchen in der Gunst der Götter stand. Solange sie in Monkodun blieb, so glaubten die Menschen, würde auch sie selbst das Glück nicht verlassen.
Nicht wenige Menschen im Herrschaftsbereich von Nebres hofften, dass Amintha als Epulons Gattin für immer in Monkodun bleiben würde. Auch Amintha fand Gefallen an dem Gedanken, in diesem schönen Land, wo sie so viel Anerkennung genoss, zu bleiben. Aus ihrer Zuneigung zu Epulon war innige Liebe erwachsen, die es ihr nahezu unmöglich machte, sich nochmals von ihm zu trennen. Aber bevor sie für immer hierbleiben konnte, musste sie unbedingt noch nach Panwati zurückkehren und ihrem Volk die glückliche Nachricht von ihrem erfolgreichen Abschluss der Reise überbringen.
Schließlich wurde beschlossen, dass Amintha die Reise nach Panwati nicht alleine antreten sollte. Nebres war daran interessiert, die unterbrochenen Handelsbeziehungen über das große Gebirge wieder aufzu-

nehmen. Eine Verbindung mit dem Fürstengeschlecht von Panwati war deshalb ganz in seinem Sinne. Deshalb sollte Epulon zusammen mit seiner künftigen Gattin in die Heimat von Amintha reisen und bei ihrem Vater um ihre Hand anhalten. Großzügige Geschenke sollten dem nördlichen Herrscher überbracht werden, denn er sollte einen Eindruck davon bekommen, welch mächtigen Bundesgenossen er gewinnen würde, wenn seine Tochter die Frau des zukünftigen Herrschers von Monkodun würde.

Als Amintha darüber nachdachte, wie ganz anders ihre Rückkehr in die Heimat sich nun darstellte als damals ihr einsamer Aufbruch in einem kleinen Boot, da musste sie sich eingestehen, dass sie sich das selbst in ihren kühnsten Träumen nicht ausgemalt hatte. Glücklich ritt sie an der Seite des Thronfolgers von Monkodun, sechs Pferde folgten, hoch mit Geschenken beladen, und zehn Bewaffnete sorgten für ihre Sicherheit. Und alle stolperten ständig über Olymp, der unermüdlich vor- und zurücklief, so als ob er sie alle für eine Schafherde halten würde, die er bewachen müsste.

Als sie endlich das Gebirge hinter sich gelassen hatten und die Ebene erreichten, bekamen sie einen ersten Eindruck davon, welchen Segen

die Rückkehr des Sonnengottes für die Menschen bedeutete. Überall dort, wo sie Halt machten und auf Menschen trafen, erblickten sie hoffnungsvolle Gesichter. In diesem Jahr war der Frost früh aus dem Boden gewichen, die Saat war gut aufgegangen und die Ernte versprach ungewöhnlich gut zu werden. Auch das Vieh schien gesund und wohlgenährt, obwohl sie immer wieder hörten, dass viele Tiere wegen der Hungersnot in den letzten Jahren hatten geschlachtet werden müssen.
Sie bekamen aber auch die Spuren zu Gesicht, die zeigten, was die schlechten Jahre für die Menschen bedeutet hatten. Niedergebrannte oder verlassene Dörfer, ja ganze entvölkerte Landstriche zeugten vom aufgegebenen oder verlorenen Kampf gegen den Hunger und die Not. Und nicht überall wurden sie freundlich aufgenommen, denn vielerorts waren die Menschen Fremden gegenüber misstrauisch geworden.
Als Amintha zum ersten Mal in ein Dorf kam, in dem sie sich mit den Bewohnern in ihrer Muttersprache verständigen konnte, war ihre Ungeduld, endlich nach Hause zu kommen, kaum noch zu zähmen. Unermüdlich trieb sie die Reisenden an, verkürzte die Pausen und drängte stets im ersten Licht der Frühe zum Aufbruch.
Und dann sah sie den Bergwald von Panwati vor sich liegen. Wie es sich für eine fremde Delegation gehört, hätte zuerst ein Abgesandter vorausgeschickt werden müssen, der ihre Ankunft ankündigte, damit man sie gebührend willkommen heißen könnte. Aber Amintha wollte nicht mehr warten. Um nicht für Angreifer gehalten zu werden, verstauten sie auf Aminthas Geheiß hin die Waffen in ihrem Gepäck und ritten langsam den Weg zur Festung hinauf. Sie kamen am Friedhof vorbei, auf dem Amintha damals ihre Mutter zu Grabe getragen hatte. Mehrere frische Hügel zeugten davon, dass seit ihrem Weggang noch so mancher Bewohner von Panwati ihrer Mutter gefolgt war!
Einige Bewohner von Panwati kam ihnen auf dem Weg entgegen. Unsicher beäugten sie die Ankömmlinge und rätselten, ob das hübsche und kostbar gekleidete Mädchen, das an der Spitze neben einem vornehmen Jüngling ritt, tatsächlich Amintha war? Amintha, die Tochter des Astis, die vom Orakel zur Götterbotin ausgewählt worden und die nun schon so lange Zeit verschollen war. Aber als Amintha ihnen übermütig zuwinkte, brachen sie in Jubel aus und liefen eifrig vor und neben den Ankömmlingen her.

Bis sie das Tor erreichten, hatte sich die Neuigkeit im ganzen Ort verbreitet. Aus allen Gassen kamen Männer, Frauen und Kinder angelaufen und umringten die Besucher, als diese von ihren Pferden sprangen.
Da war Joris, der stolze Krieger, Feha mit einem Baby auf dem Arm, der alte Estor und Peiro, Aminthas kleiner Bruder, der auf einmal gar nicht mehr so klein wirkte, sondern seine Schwester mindestens um Haupteslänge überragte. Durch die sich ehrfürchtig teilende Menge der Jubelnden schritt Astis mit leuchtenden Augen auf seine Tochter zu. Voller Stolz fasst er Amintha an beiden Händen, dann beugte er sich vor und küsste sie liebevoll auf die Stirn.

Nicht viele hatten wohl damit gerechnet, dass Amintha jemals nach Hause zurückkehren würde. Als das neue Frühjahr warm und zeitig begann, waren zwar viele davon überzeugt, dass Amintha ihre Aufgabe tatsächlich erfüllt hatte, aber dann waren Wochen ins Land gegangen, ohne dass man ein Lebenszeichen von ihr erhalten hatte. Groß war daher die Überraschung, als sie nun beladen mit Kostbarkeiten in Begleitung eines fremden Prinzen und seiner Eskorte zurückkehrte. Alle wollten so viel wie möglich von ihren Abenteuern erfahren, und jedes Mal wenn Amintha das Haus ihres Vaters verließ, wurde sie von einer Schar Neugieriger belagert.
Die Sommersonnenwende stand kurz bevor. Astis und der Ältestenrat hatten beschlossen, an diesem Tag ein großes Dankesfest für den Sonnengott und die eigene Schutzgottheit zu veranstalten. An diesem Abend sollte Amintha dem ganzen Volk von ihren Erlebnissen berichten und die Bernsteintafeln mit den Zeichen, die Amintha aus Pylos mitgebracht hatte, sollten der Göttin im Heiligtum dargebracht werden.
Der Inhalt des schwarzen Holzkästchens hatte Astis, die Magier und den Ältestenrat in großes Erstaunen versetzt. Noch größer war die Verwunderung, dass Amintha diese Zeichen zu deuten verstand. Allen war bewusst, welch starke Magie in diesen kleinen Gegenständen eingeschlossen war. Was musste das für ein mächtiges Volk sein, das über solche Zauberzeichen verfügte und bei dem der Sonnengott eine Heimstatt besaß!
Besonders glücklich war der Herrscher von Panwati aber auch über die Anwesenheit von Epulon. Da Amintha die einzige war, die seine

Sprache verstand, war es nicht zu vermeiden, dass sie selber als Dolmetscherin fungieren musste, als Epulon bei ihrem Vater und vor dem Ältestenrat um ihre Hand anhielt. Diese Zeremonie fand in der großen Versammlungshalle statt. Epulons Begleiter trugen nach und nach all die vielen Geschenke herein, die dann in der Mitte des Raumes auf reich verzierten Tüchern ausgebreitet wurden. Beeindruckt betrachteten die Ältesten diese Reichtümer, die glänzenden Bronzedolche, die Armbänder und Halsketten, die Gefäße voller Honig und Öl, die bunt gewebten Stoffbahnen und all die anderen Dinge, die ihnen der Fürst von Monkodun schickte, um Amintha, die Tochter des Astis, als Gemahlin für seinen Sohn Epulon zu gewinnen.
Der Ältestenrat bekam den Eindruck, dass das Reich von Monkodun demjenigen von Panwati zumindest ebenbürtig sein müsse. Vielleicht war es sogar noch mächtiger, stand es doch in Verbindung mit dem Reich des Sonnengottes, aus dem Amintha die Zauberzeichen mitgebracht hatte. Enge familiäre Verbindungen zwischen beiden Herrscherhäusern waren jedenfalls gerade in diesen schwierigen Zeiten nur zu begrüßen.
Epulons Bewerbung wurde deshalb nach kurzen Beratungen wohlwollend angenommen, und der Jüngling und seine Begleiter wurden mit all der Ehrerbietung behandelt, die einem vornehmen und gern gesehenen Gast gebührte. Am Tag der Sonnenwende sollte die Vermählung im Angesicht der Göttin stattfinden.
Epulon war glücklich, Amintha für sich gewonnen zu haben. Wie düster hatte sein Leben als königliche Geisel in Pylos noch vor einigen Monaten ausgesehen. Nun war er der Thronerbe von Monkodun und würde sein künftiges Leben mit der Frau verbringen, der seine Liebe und Bewunderung galt, seit er sie damals auf der Reise nach Pylos unter so verwirrenden Umständen kennengelernt hatte. Er spürte, dass es die richtige Entscheidung gewesen war, Amintha nach Panwati zu begleiten, denn hier konnte er ebenso wie damals in Pylos eine Menge lernen, was ihm später als Volksoberhaupt in Monkodun nutzen würde. So führte er mit Amintha als Dolmetscherin lange Gespräche mit seinem zukünftigen Schwiegervater und dem Ältestenrat. Aber auch mit Peiro, dem jüngeren Bruder von Amintha verbrachte er viel Zeit, denn beide Jünglinge vereinte ein ähnliches Geschick. Auch Peiro würde eines Ta-

ges die Nachfolge seines Vaters als herrschendes Oberhaupt antreten. Durch diese Gemeinsamkeit und die neu geknüpften verwandtschaftlichen Beziehungen empfanden sie sich trotz der Sprachschwierigkeiten fast schon wie Brüder.
Amintha verbrachte viele Stunden im Gespräch mit ihrem Vater, dem sie alle Einzelheiten ihres großen Abenteuers erzählte. Eine der Neuigkeiten, die sie von ihm erfuhr, machte sie besonders glücklich. Im Spätherbst des letzten Jahres waren zum ersten Mal seit vielen Jahren wieder Bernsteinhändler nach Panwati gekommen. Und es waren keine Unbekannten, sondern Halfgar und seine Gefährten, die sich auf dem Rückweg aus dem Süden befunden hatten! Sie hatten den großen Umweg gemacht, um in Panwati von Aminthas Reise berichten zu können und waren schließlich reich beschenkt weiter gezogen. Schon im kommenden Jahr wollten sie wiederkommen. Natürlich nahm Amintha ihrem Vater das Versprechen ab, die Händler dann nach Monkodun weiterzuschicken.
Amintha besuchte aber auch ihre ehemaligen Freundinnen, vor allem Feha, die während ihrer Abwesenheit wieder schwanger geworden und nun ein gesundes kleines Mädchen zur Welt gebracht hatte. Es war schön, wieder einmal so ungezwungen mit jemandem reden und lachen zu können, wie sie es vor ihrer Reise mit der besten Freundin oft getan hatte. Die meisten anderen Bewohner von Panwati traten ihr mit einer gewissen Scheu und Hochachtung gegenüber, die sie früher nie gezeigt hatten und an die sich Amintha nur schwer gewöhnen konnte.

Der Abend der Sonnenwende war gekommen. Wie damals, als der Orakelspruch der Göttin erbeten worden war, wer sich auf die Reise zum Sonnengott machen sollte, näherten sich die Bewohner der Festung in einem Prozessionszug der heiligen Grotte. Amintha ging diesmal aber nicht mehr zusammen mit den anderen Frauen, sondern neben ihrem Vater und Epulon an der Spitze des Zuges.
Als sie die Grotte erreichten, stand die untergehende Sonne knapp über dem Horizont. Alle verharrten schweigend, bis der feurige Ball hinter den Wäldern versank. Amintha musste an die Wintersonnenwende denken, die sie im Heiligtum des Sonnengottes erlebt hatte. Damals hatte sie sich vor Kälte, Schwäche und Angst kaum auf den Beinen halten

können. Nun erfüllte eine laue Luft den Abend, sie hatte ihre Botenpflicht erfüllt, war umgeben von Freunden, und an ihrer Seite stand der Mann, mit dem sie ihr künftiges Leben verbringen wollte.
Hörnerklang verkündete schließlich den Sonnenuntergang. Die Menschen reckten ihre Arme anbetend in die Höhe. Lobgesänge und Danksagungen ertönten zu Ehren des Sonnengottes und der Herrin von Panwati. Auf dem Versammlungsplatz wurde ein riesiger Holzstoß entzündet. Das Licht der Flammen fiel bis in die Grotte und erleuchtete das Standbild. Wieder sah Amintha im Schein des Feuers die goldene Krone der Göttin aufblitzen, sah das Funkeln des Goldschmuckes auf ihrem Gewand. Nur ihr dunkles Antlitz konnte sie dieses Mal nicht erkennen. Amintha kniete sich vor dem Standbild nieder und legte das Kästchen mit den magischen Zeichensteinen der Göttin zu Füßen.
Auch Epulon kniete vor der Göttin und bat sie in seiner Sprache um ihren Segen für den Bund, den er mit Amintha eingehen wollte. Als sich die beiden wieder erhoben, trat ein Magier auf sie zu und band das rechte Handgelenk von Epulon und das linke von Amintha mit einem goldbesetzten Lederband zusammen. Das ganze Fest hindurch würden sie so verbunden bleiben als sichtbares Zeichen für die Lebensgemeinschaft, die sie vor der Göttin besiegelt hatten. Dann schritten sie an der Spitze des Zuges zum Versammlungsplatz, wo es köstlich nach den Schaf- und Rinderbraten roch, die über großen Feuern gegart wurden und wo den Feiernden aus großen Kesseln berauschende Getränke gereicht wurden. Alle warteten schweigend darauf, dass Amintha und Epulon die erhöhte Plattform in der Mitte des Platzes besteigen würden und dass die Botin der Göttin dem ganzen Volk kundtun würde, was sie auf ihrer Reise zum Sonnengott erlebt hatte.

Nachwort

Die Geschichte von Aminthas Reise zum Sonnengott spielt in einer Zeit, die über 3.000 Jahre her ist. Wissen wir denn überhaupt, wie die Menschen damals gelebt haben? Muss eine solche Erzählung nicht reine Erfindung sein?
Natürlich habe ich mir vieles in diese Geschichte ausgedacht, aber alles, was geschildert wird, hätte sich tatsächlich während der Bronzezeit ereignen können. Denn durch archäologische Ausgrabungen sind uns viele Details bekannt, die Auskunft über das Leben der Menschen in der damaligen Zeit geben.
Aminthas Heimatort hat tatsächlich existiert. Er liegt bei Bernstorf in der heutigen bayrischen Gemeinde Kransberg nördlich von München, hoch über dem Tal des Flüsschens Amper. Aber nur wenige Spuren der einstmals mächtigen Festung haben sich bis heute erhalten. Auf diese längst von der Vegetation überwucherten Reste stießen vor einigen Jahren die Amateurarchäologen Manfred Moosauer und Traudl Bachmaier. Und obwohl es immer noch viel in Bernstorf auszugraben gibt, was in den nächsten Jahren auch geschehen soll, sind jetzt schon sensationelle Funde zutage gekommen: Reicher Goldschmuck, darunter ein Diadem mit fünf Zacken, das offenbar einstmals eine Götterstatue geziert hat. Besonders aufregend war jedoch die Entdeckung von einigen mysteriösen Bernsteinstückchen, in die man Zeichen in einer Schrift eingeritzt fand, wie sie im 2. Jahrtausend vor Christus nur die mykenischen Griechen kannten. Auf einem der Bernsteinplättchen von Bernstorf waren Zeichen eingraviert, die die Altertumsforscher als „Panwati“ entziffern konnten. Was bedeutete das? Sollte der Name dieses Ortes im heutigen Bayern in ferner Vergangenheit so gelautet haben? Und wie konnten solche Dinge, nämlich Bernstein aus dem Ostseeraum kombiniert mit Schriftzeichen aus dem östlichen Mittelmeer vor mehr als dreitausend Jahren ins bayerische Ampertal gelangen? Darüber ist bereits viel spekuliert worden. In diesem Buch habe ich versucht, eine Antwort zu finden und zu schildern, was sich damals abgespielt haben könnte.
Ausgangspunkt für diese Geschichte sind die spannenden Funde von Bernstorf, dem Ort, in dem auch die Erzählung beginnt. Von hier aus bricht die Herrschertochter Amintha auf Geheiß eines göttlichen Ora-

kels zu ihrer Reise quer durch Europa auf. Unterwegs kommt sie in Kontakt mit den verschiedenen Völkern und besucht eine Reihe Orte. Diese sind nicht einfach erfunden, sondern sie haben während der Bronzezeit wirklich existiert. Es handelt sich nämlich um Plätze, die bei archäologischen Forschungen entdeckt worden sind. In einigen von ihnen, so in Tehia (heute der serbische Ort Feudvar an der Theiss), in Amydon (heute der griechische Ort Kastanas im Axiostal) und in Monkodun (heute der kroatische Ort Monkodonja in Istrien) haben mein Mann und ich selber Ausgrabungen durchgeführt. Andere, zum Beispiel die mykenische Festung Pylos auf der Peloponnes, wo Amintha schließlich das Heiligtum des Sonnengottes findet, sind schon vor vielen Jahren entdeckt und ausgegraben worden.

Bei solchen archäologischen Untersuchungen werden die Überreste von Befestigungswällen, Häusern und von den Dingen freigelegt, die die Menschen damals benutzten. Natürlich ist vieles im Lauf der Zeit vergangen, aber Scherben von Tongefäßen, Knochen der Tiere, die einst dort gezüchtet oder gejagt wurden und Pflanzenreste, die über die damalige Ernährung Aufschluss geben, sind Indizien, mit denen es den Archäologen gelingt, die damaligen Lebensverhältnisse zu rekonstruieren. So wissen wir zum Beispiel, dass Bernstein von der Ostseeküste bis ins Mittelmeer gehandelt wurde und damals für die Menschen sehr kostbar war. Wir wissen auch durch Funde von Stoffresten und metallenen Kleiderverschlüssen, dass die Menschen in Nordeuropa damals Hosen trugen, im Süden dagegen Kleider oder zusammengesteckte Überwürfe. Wir wissen, dass man vor allem die Flüsse und die Meeresküsten nutzte, um die Verbindungen zwischen verschiedenen Orten aufrechtzuerhalten. Wir wissen, dass die südlichen Paläste der mykenischen Fürsten mit reichen Wandmalereien versehen waren, dass Orte wie Monkodun oder Panwati-Bernstorf von mächtigen Mauern umgeben waren und dass man verschiedene Gottheiten verehrte. Mögen diese auch von den einzelnen Völkern unterschiedlich benannt worden sein, so wissen wir doch, dass der Sonnengott bei allen eine besonders wichtige Bedeutung besaß. Denn nicht nur heute haben die Menschen Angst vor Veränderungen im Weltklima, auch schon während der Bronzezeit konnten mehrere Jahre ohne ausreichenden Regen oder aber Zeiten, in denen es zu kalt war und die Sonne zu wenig schien, schlimme Folgen haben.

Damals war man sich sicher, dass die Götter das Wohl und Wehe der Menschen bestimmten und deshalb auch für das Wetter verantwortlich waren. Deshalb ist es auch für alle, denen Amintha auf ihrer Reise begegnet, selbstverständlich, das Vorhaben dieser Götterbotin zu unterstützen.

Mag Amintha auch nur eine erfundene Heldin sein, so ist es doch eine Tatsache, dass schon während der Bronzezeit der Mut und die Energie Einzelner viel Gutes bewirken konnte und immer noch kann. Obwohl Amintha sich vor dieser langen Reise fürchtet, lässt sie sich durch all die Schwierigkeiten, mit denen sie unterwegs zu kämpfen hat, nicht von ihrem Vorhaben abbringen. Dadurch rettet sie nicht nur mehrere Menschenleben, sie hat auch Begegnungen, die ihr ganzes weiteres Leben positiv beeinflussen werden. Und sie lernt selbst etwas: Auch wenn Menschen in anderen Weltgegenden ganz andere Sprachen sprechen und teilweise ganz anders leben, als man es selber tut, so sind sie einem doch eigentlich sehr ähnlich: Überall gibt es freundliche und kluge, aber auch eingebildete oder abweisende Menschen. Und es liegt sehr stark an einem selber, ob und wie man mit anderen zurechtkommt.